社会主义核心价值观
与当代民航精神

张凤 著

THE CORE VALUES OF SOCIALISM
AND THE SPIRIT OF
CONTEMPORARY CIVIL AVIATION

社会科学文献出版社
SOCIAL SCIENCES ACADEMIC PRESS (CHINA)

前　言

　　社会主义核心价值观是当代中国精神的集中体现，凝结着全体人民共同的价值追求。积极培育和践行社会主义核心价值观，是实现新时代中华民族伟大复兴中国梦的强大精神支撑。中国民航将社会主义核心价值观融入民航事业发展的各个方面，形成了"忠诚担当的政治品格、严谨科学的专业精神、团结协作的工作作风、敬业奉献的职业操守"的当代民航精神，并使之转化为全体从业人员的自觉行为习惯，为实现民航强国梦提供强大的精神保障。

　　榜样是当代民航精神的示范者、维护者和引领者。通过榜样的力量来弘扬当代民航精神的强大能量，是民航践行社会主义核心价值观、加强行业文化建设的有力举措。本书旨在通过民航先进榜样的高尚品格和先进事迹，把当代民航精神日常化、具体化、形象化、生活化，以榜样为镜，使当代民航精神入眼、入脑、入心，指引我们在工作实践中明方向、知差距、净心灵、升境界。

　　幸福是奋斗出来的。九层之台，起于累土。要把民航强国这个蓝图变为现实，必须不驰于空想，不骛于虚声，一步一个脚印，踏踏实实地干好工作。

　　来吧，让我们行动起来，撸起袖子加油干！

　　特别感谢中共民航局党校对本书出版经费的支持。

张　凤

2018 年 3 月于北京

目录
contents

第一章
绪　论

　　文化是一个国家、一个民族生命力、创造力和凝聚力的重要体现，也是一个国家、一个民族生命力、创造力和凝聚力的重要滋养。文化兴则国运兴，文化强则民族强。实现中华民族的伟大复兴，必须有文化的繁荣兴盛作强力支撑。党的十八大以来，习近平同志从推进民族复兴的历史高度出发，将中国特色社会主义文化建设摆在治国理政和社会主义现代化建设极其重要的位置，以一系列新理念、新思想、新战略创造性地回答了中国特色社会主义文化建设的战略意义、理念原则、目标任务、实践路径等根本性问题，清晰地展现了文化强国建设的中国逻辑，形成了新时代坚持和发展中国特色社会主义的基本文化方略。

　　建设社会主义文化强国，是一个复杂的系统工程。培育社会主义核心价值观，是其中的灵魂工程。文化的核心是价值观。人们据之以观世界、虑人生、辨善恶、别曲直、识美丑，也以之为向心凝聚、一体认同、创新创造的依据和向导。任何一种文化体系的性质，都是其内含价值观的表征并由其内含价值观决定；任何一种文化体系的魅力，都是其内含价值观的蕴化、彰显；任何一种文化体系的发展，也都是由其内含的价值观规约、引导。价值观在文化体系中的这种独特地位与功用，决定了其在文化体系中的核心意义。习近平同志曾经说过："核心价值观是文化软实力的灵魂、文化软实力建设的重点。这是决定文化性质和方向的最深层次要素。"建设社会主义文化强国，必须积极弘扬和培育社会主义核心价值观，厚植我们的民族和国家最持久、最深层的精神力量，确立我们的文化体系赖以良性运行的价值中轴。

　　当代民航精神是社会主义核心价值观在民航业的具体实践和必然结果。它是在对民航行业生产特性充分反映的基础上，对实践中先进群体意识的概括与提炼；是民航行业的文化符号，是民航行业文化建设的核心内容之一。了解社会主义核心价值观与民航行业文化、当代民航精神的历史传承和血脉联系，对于更好地践行社会主义核心价值观，加强民航行业文化建设、弘扬当代民航精神具有重要的现实意义。

第一节 社会主义核心价值观的提出与发展

社会主义核心价值观的凝练和提出，经历了一个逐渐深化认识的过程。社会主义核心价值观的理论基础源于马克思主义的基本理论，尤其是以人为本的理念和价值追求。从社会主义核心价值观的基本内容来看，中国共产党在认真总结改革开放以来思想文化领域和精神文明建设经验教训的基础上，把马克思主义基本理论与中国传统优秀文化相结合，同时汲取了人类文明的优秀成果，在逐渐深化对社会主义精神文明建设、社会主义核心价值体系认识的基础上，提出了社会主义核心价值观。

一 社会主义精神文明建设的提出与发展

精神文明是人们在改造客观世界的过程中，在主观世界方面所取得的进步，主要表现为教育、科学、文化知识的发达和人们思想、政治、道德水平的提高。社会主义精神文明同历史上的精神文明既有历史联系，又有本质区别。社会主义精神文明以马克思主义为指导，它的发展需要物质文明提供物质条件和实践经验，同时又为物质文明的发展提供精神动力、智力支持和思想保障，并孕育着社会主义核心价值体系和社会主义核心价值观的基本要素。

社会主义精神文明是社会主义社会的重要特征，是具有中国特色的社会主义社会不可缺少的一个重要方面。在全党把工作重点转移到现代化建设上来以后，中共中央曾多次郑重指出：我们在建设高度物质文明的同时，一定要努力建设高度的社会主义精神文明，这是建设社会主义的一个战略方针。以马克思主义为指导的社会主义精神文明，是社会主义社会的重要特征，是具有中国特色的社会主义社会不可缺少的一个重要方面。建设社会主义精神文明，是解决社会主义社会主要矛盾、实现社会主义根本目的的要求，是我们坚持社会主义道路，进行现代化建设的最重要保证之一。我们的社会主义精神文明建设应当推动社会主义现代化建设，促进全面改革和对外开放，有利于坚持四项基本原则。社会主义精神文明建设的根本任务是适应社会主义现代化建设的需要，培养有理想、有道德、有文化、有纪律的社会主义公民，提高整个中华民族的思想道德素质和科学文化素质。

在社会主义精神文明建设的进程中，中国共产党用社会主义理想和社会主义精神文明引领全社会和广大人民群众，公有制、大集体、人民民主、做共产主义新人等意识在人们的头脑中深深扎根，向秀丽、邢燕子、王进喜、雷锋、焦裕禄、孔繁森、李素丽等一大批英雄模范人物及济南交警支队、徐州市"下水道四班"等创建精神文明的先进典型的树立，爱党爱国、为人民服务、无私奉献等风尚蔚然成风，雷锋精神、焦裕禄精神、铁人精神等成为激励人们建设社会主义的强大精神动力。

中华人民共和国成立以来，尤其是改革开放以来，爱国主义、集体主义、为人民服务等已有的社会风尚得到了进一步巩固，而随着经济、政治、文化、社会等各个领域改革的深入，特别是社会主义市场经济的建立，社会主义精神文明建设的推进，改革创新、共同富裕、民主自由、公平正义、以人为本等价值观念，构成了这个阶段社会主义核心价值体系的基本元素和雏形。

二 社会主义核心价值体系的孕育与提出

党的十六大后，我国进入全面建设小康社会的新的历史时期。面对日益复杂的国际形势和把握建设中国特色社会主义正确方向的重大课题，2003 年 10 月，党的十六届三中全会明确提出了科学发展观，这对全面推进社会主义物质文明、政治文明和精神文明建设的认识达到了一个新的境界。2006 年 3 月，胡锦涛同志在全国政协十届四次会议民盟、民进联组会上提出"以热爱祖国为荣、以危害祖国为耻，以服务人民为荣、以背离人民为耻，以崇尚科学为荣、以愚昧无知为耻，以辛勤劳动为荣、以好逸恶劳为耻，以团结互助为荣、以损人利己为耻，以诚实守信为荣、以见利忘义为耻，以遵纪守法为荣、以违法乱纪为耻，以艰苦奋斗为荣、以骄奢淫逸为耻"为主要内容的社会主义荣辱观，在理论和实践上为社会主义核心价值体系的破茧而出准备了必要条件。至此，社会主义核心价值体系的基本框架和内容呼之欲出。

2006 年 10 月，党的十六届六中全会通过的《中共中央关于构建社会主义和谐社会若干重大问题的决定》（以下简称《决定》），提出要构建民主法治、公平正义、诚信友爱、充满活力、安定有序以及人与自然和谐的社会主义和谐社会。《决定》明确提出了社会主义核心价值体系的基本内容，即马克思主义指导思想、中国特色社会主义共同理想、以爱国主义为核心的民族精神和以改革创新为核心的时代精神、社会主义荣辱观。《决定》指出，社会主义核心价值体系是建设和谐文化的根本。要坚持以社会主义核心价值体系引领社会思潮，尊重差异，包容多样，最大限度地形成社会思想共识，形成全民族奋发向上的精神力量和团结和睦的精神纽带。社会主义核心价值体系，是一个融汇了社会主义价值观、社会主义价值体系和社会主义核心价值观的有机统一整体，是一个包含丰富内容的多层次体系。社会主义核心价值体系在中国整体社会价值体系中居于核心地位，发挥着主导作用，决定着整个价值体系的基本特征和基本方向。社会主义核心价值体系的提出，为社会主义核心价值观的凝练和提出提供了基础与前提条件。

2007 年 10 月，党的十七大报告首次将建设社会主义核心价值体系纳入其中，提出了建设社会主义核心价值体系、增强社会主义意识形态的吸引力和凝聚力的要求。十七大报告指出："社会主义核心价值体系是社会主义意识形态的本质体现。"要"切实把社会主义核心价值体系融入国民教育和精神文明建设全过程，转化为人民自觉追求"。积极探索用社会主义核心价值体系引领社会思潮的有效途径，主动做好意识形态工作，既尊重差异、包容多样，又有力抵制各种错误和腐朽思想的影响。十七大以后，中共中央加大了对社会主义核心价值体系的宣传和教育。

2008 年 12 月，胡锦涛同志在中国科协成立五十周年大会上指出，社会主义核心价值体系是我国指导思想、共同理想、民族精神、道德观念的集中体现。建设社会主义核心价值体系，是增强民族凝聚力和国家软实力的客观需要。

2009 年 9 月，党的十七届四中全会提出建设马克思主义学习型政党的新目标。全会强调要开展社会主义核心价值体系学习教育。党员、干部模范学习践行社会主义核心价值体系，是建设马克思主义学习型政党的重要任务。

2011 年 10 月，党的十七届六中全会通过了《中共中央关于深化文化体制改革推动社会主义文化大发展大繁荣若干重大问题的决定》（以下简称《决定》）。全会认真总结我国文化改革发展的丰富实践和宝贵经验，研究部署了深化文化体制改革、推动社会主义文化大发展大繁荣一系列方针政策。《决定》指出，社会主义核心价值体系是兴国之魂，是社会主义先进文化的精髓，决定着中国特色社会主义发展方向。要坚持用社会主义核心价值体系引领社会思潮，在全党全社会形成统一指导思想、共同理想信念、强大精神力量、基本道德规范。这就将推进社会主义核心价值体系建设的重要性上升到事关中国特色社会主义的发展前途和中华民族生死存亡的高度。

三　社会主义核心价值观的凝练与提出

随着对社会主义核心价值体系认识的深化以及其重要性的日益突出，党中央以及理论界、学术界等都意识到，凝练和提出社会主义核心价值观不仅有必要，而且成为必然趋势。进入 21 世纪以来，国际国内形势都发生了深刻变化：一方面，西方主要资本主义国家意识形态和文化渗透的深度和广度都在拓展和外延，方式不断变化；另一方面，国内人们思想活动的独立性、选择性、多变性、差异性日益增强，社会思想空前活跃，各种思想观念相互交织，各种文化相互激荡，社会意识出现多样化的趋势。尤其是我国改革开放进入一个全面推进和深化的阶段，各种深层次的矛盾日益突出，各种利益的博弈更加激烈。面对全面推进深化改革的艰巨重任，全党上下以及全社会需要统一思想，同心协力，攻克难关。

概括和提炼社会主义核心价值观是时代和形势的需要，是全党和人民群众的要求和期盼。党的十七届六中全会后，全国各地广泛进行了多种形式的有关社会主义核心价值观的大讨论，纷纷提炼出具有地方特色、行业特色的社会主义核心价值观主题词、表述词，诸如奉献、服务、惠民、人本、责任、民生、感恩、厚德、公正、廉洁、创新、共赢等，显现了全党全民对培育和践行社会主义核心价值观的极大热情。党中央因势利导，本着体现中华优秀文化传统和时代发展要求，经过一年多深入的调研和审慎的归纳提炼，针对建设什么样的国家、构建什么样的社会、培育什么样的公民，以"倡导"的形式，明确提出了这三个层面的社会主义核心价值观表述词，即在国家层面倡导富强、民主、文明、和谐，在社会层面倡导自由、平等、公正、法治，在公民层面倡导爱国、敬业、诚信、友善。这24字的社会主义核心价值观的表述词于2012年11月在党的十八大报告中被首次正式提出并公布。

社会主义核心价值观正式提出以后，在社会上和国内外都产生了强烈的反响。人们普遍认为，社会主义核心价值观是社会主义核心价值体系的内核，深刻揭示了社会主义核心价值体系的内涵，体现了社会主义核心价值体系的根本性质和基本特征，反映出社会主义核心价值体系的丰富内涵和实践要求。此后，研究社会主义核心价值观与社会主义核心价值体系的关系成为理论界研究和探讨的一个热点。

党的十八大以后，以习近平同志为核心的党中央高度重视社会主义核心价值观培育和践行，发表了一系列重要讲话，提出了一系列重要思想，做出了一系列决策部署，制定了一系列实施文件。2013年12月，中共中央办公厅印发了《关于培育和践行社会主义核心价值观的意见》（以下简称《意见》）。《意见》共6项23条，就培育和践行社会主义核心价值观的指导思想、基本原则、基本要求等提出具体意见。《意见》指出，要把培育和践行社会主义核心价值观融入国民教育全过程，落实到经济发展实践和社会治理中，强调要用社会主义核心价值观引领社会思潮、凝聚社会共识。《意见》还就开展涵养社会主义核心价值观的实践活动、加强培育和践行社会主义核心价值观的组织领导等方面提出了要求。

2017年10月，党的十九大把中国特色社会主义文化同中国特色社会主义道路、中国特色社会主义理论体系、中国特色社会主义制度一道写入党章，将文化的地位和作用提升到一个崭新高度，对于全党深化对中国特色社会主义的认识、全面把握中国特色社会主义内涵具有重要意义，是习近平新时代中国特色社会主义思想的重大理论创新和发展。新修订的党章明确规定，培育和践行社会主义核心价值观，是中国特色社会主义文化建设的重要内容。

2018年3月，党的十九届三中全会通过了把培育和践行社会主义核心价值观写入《宪法》的决议。培育和践行社会主义核心价值观写入宪法，一方面明确了社会主义核心价值观的重要地位，另一方面强化了公民的核心价值观意识。用法律来推动核心价值观建设，发挥政策导向作用，使经济、政治、文化、社会等方方面面政策都有利于社会主义核心价值观的培育。

当前，通过理论创新、舆论宣传、教育引导、文化熏陶、实践养成、制度保障等途径，全党以及全社会正在兴起学习、宣传和践行社会主义核心价值观的高潮，社会主义核心价值观在全社会逐渐像空气一样无处不在、无时不有，日益成为13亿多中国人的精神追求和自觉行动。

附：

"平语"近人
——习近平谈社会主义核心价值观

【编前语】 在习近平总书记治国理政思想体系中，关于培育和践行社会主义核心价值观是一个重要方面。党的十八大以来，习近平多次作出重要论述并提出明确要求，在此特摘录一部分供大家学习。

●社会主义核心价值观有多重要？——一个民族赖以维系的精神纽带

每个时代都有每个时代的精神。我曾经讲过，实现中国梦必须走中国道路、弘扬中国精神、凝聚中国力量。核心价值观是一个民族赖以维系的精神纽带，是一个国家共同的思想道德基础。如果没有共同的核心价值观，一个民族、一个国家就会魂无定所、行无依归。为什么中华民族能够在几千年的历史长河中生生不息、薪火相传、顽强发展呢？很重要的一个原因就是中华民族有一脉相承的精神追求、精神特质、精神脉络。

——2014年10月15日，习近平在文艺工作座谈会上发表重要讲话

一个民族的文明进步，一个国家的发展壮大，需要一代又一代人接力努力，需要很多力量来推动，核心价值观是其中最持久最深沉的力量。

——2014年5月30日，习近平在北京市海淀区民族小学主持召开座谈会时发表重要讲话

核心价值观，承载着一个民族、一个国家的精神追求，体现着一个社会评判是非曲直的价值标准。

核心价值观，其实就是一种德，既是个人的德，也是一种大德，就是国家的德、社会的德。国无德不兴，人无德不立。如果一个民族、一个国家没有共同的核心价值观，莫衷一是，行无依归，那这个民族、这个国家就无法前进。

实现我们的发展目标，实现中国梦，必须增强道路自信、理论自信、制度自信，"千磨万击还坚劲，任尔东西南北风"。而这"三个自信"需要我们对核心价值观的认定作支撑。

——2014年5月4日，习近平在北京大学师生座谈会上发表重要讲话

核心价值观是文化软实力的灵魂、文化软实力建设的重点。这是决定文化性质和方向的最深层次要素。一个国家的文化软实力，从根本上说，取决于其核心价值观的生命力、凝聚力、感召力。培育和弘扬核心价值观，有效整合社会意识，是社会系统得以正常运转、社会秩序得以有效维护的重要途径，也是国家治理体系和治理能力的重要方面。历史和现实都表明，构建具有强大感召力的核心价值观，关系社会和谐稳定，关系国家长治久安。

——2014年2月24日，习近平在主持中共中央政治局第十三次集体学习时发表讲话

● 什么是社会主义核心价值观？——国家层面＋社会层面＋公民层面

"爱岗敬业、争创一流，艰苦奋斗、勇于创新，淡泊名利、甘于奉献"的劳模精神，生动诠释了社会主义核心价值观，是我们的宝贵精神财富和强大精神力量。

——2015年4月28日，习近平在庆祝"五一"国际劳动节暨表彰全国劳动模范和先进工作者大会上发表重要讲话

在社会主义核心价值观中，最深层、最根本、最永恒的是爱国主义。

——2014年10月15日，习近平在文艺工作座谈会上发表重要讲话

经过反复征求意见，综合各方面认识，我们提出要倡导富强、民主、文明、和谐，倡导自由、平等、公正、法治，倡导爱国、敬业、诚信、友善，积极培育和践行社会主义核心价值观。富强、民主、文明、和谐是国家层面的价值要求，自由、平等、公正、法治是社会层面的价值要求，爱国、敬业、诚信、友善是公民层面的价值要求。

——2014年5月4日，习近平在北京大学师生座谈会上发表重要讲话

● 如何践行社会主义核心价值观？——使之像空气一样无处不在

我们要弘扬社会主义核心价值观，弘扬以爱国主义为核心的民族精神和以改革创新为核心的时代精神，不断增强全党全国各族人民的精神力量。

——2016 年 7 月 1 日，习近平在庆祝中国共产党成立 95 周年大会上发表重要讲话

要深入开展中国特色社会主义理想信念教育，培育和践行社会主义核心价值观，弘扬中华优秀传统文化，开展以职业道德为重点的"四德"教育，深化"中国梦·劳动美"教育实践活动，不断引导广大群众增强中国特色社会主义道路自信、理论自信、制度自信。

——2015 年 4 月 28 日，习近平在庆祝"五一"国际劳动节暨表彰全国劳动模范和先进工作者大会上发表重要讲话

家庭是社会的基本细胞，是人生的第一所学校。不论时代发生多大变化，不论生活格局发生多大变化，我们都要重视家庭建设、注重家庭、注重家教、注重家风，紧密结合培育和弘扬社会主义核心价值观，发扬光大中华民族传统家庭美德，促进家庭和睦，促进亲人相亲相爱，促进下一代健康成长，促进老年人老有所养，使千千万万个家庭成为国家发展、民族进步、社会和谐的重要基点。

——2015 年 2 月 17 日，习近平在 2015 年春节团拜会上发表重要讲话

我们要在全社会大力弘扬和践行社会主义核心价值观，使之像空气一样无处不在、无时不有，成为全体人民的共同价值追求，成为我们生而为中国人的独特精神支柱，成为百姓日用而不觉的行为准则。要号召全社会行动起来，通过教育引导、舆论宣传、文化熏陶、实践养成、制度保障等，使社会主义核心价值观内化为人们的精神追求、外化为人们的自觉行动。

——2014 年 10 月 15 日，习近平在文艺工作座谈会上发表重要讲话

核心价值观的养成绝非一日之功，要坚持由易到难、由近及远，努力把核心价值观的要求变成日常的行为准则，进而形成自觉奉行的信念理念。不要顺利的时候，看山是山、看水是水，一遇挫折，就怀

疑动摇，看山不是山、看水不是水了。无论什么时候，我们都要坚守在中国大地上形成和发展起来的社会主义核心价值观，在时代大潮中建功立业，成就自己的宝贵人生。

——2014年5月4日，习近平在北京大学师生座谈会上发表重要讲话

培育和弘扬社会主义核心价值观必须立足中华优秀传统文化。

要切实把社会主义核心价值观贯穿于社会生活方方面面。要通过教育引导、舆论宣传、文化熏陶、实践养成、制度保障等，使社会主义核心价值观内化为人们的精神追求，外化为人们的自觉行动。

要发挥政策导向作用，使经济、政治、文化、社会等方方面面政策都有利于社会主义核心价值观的培育。要用法律来推动核心价值观建设。各种社会管理要承担起倡导社会主义核心价值观的责任，注重在日常管理中体现价值导向，使符合核心价值观的行为得到鼓励、违背核心价值观的行为受到制约。

——2014年2月24日，习近平在主持中共中央政治局第十三次集体学习时发表讲话

第二节　社会主义核心价值体系与社会主义核心价值观的辩证关系

在党的十六届六中全会上，我们党首次提出了"建设社会主义核心价值体系"的战略任务，表明我们党对共产党执政规律、社会主义建设规律和人类社会发展规律的认识已经从理论层面、制度层面进一步深化到价值层面，已经从真理性认识深化到真理性认识与价值性认识相统一的高度。科学揭示、概括提炼社会主义核心价值观，是建设社会主义核心价值体系的应有之义。深入探讨社会主义核心价值观与社会主义核心价值体系的辩证关系，是科学揭示、概括提炼社会主义

核心价值观的重要前提。

一　价值观与价值体系

所谓价值观（价值观念），是指人们对某类事物关于好坏、得失、善恶、美丑等价值的立场、看法、态度和选择，即价值观通常是以人们自身的需要为标准，对外在于自身的事物或现象所蕴涵意义的认识和评价，它往往表现为信念、理想、信仰、追求等形态。价值观属于社会意识形态的范畴，它是和特定的社会经济基础联系在一起并受其制约的，是处于一定经济关系之中的人们的利益和需要的反映，它决定着人们的思想取向和行为选择。一个社会的价值观，一方面表现为价值取向、价值追求，凝结为一定的价值目标；另一方面又表现为价值尺度、价值原则，成为人们评判事物有无价值及价值大小的观念模式。从宏观角度（社会）看，价值观是一个社会思想文化体系的内核和灵魂，代表着该社会对应该提倡什么、反对什么的规范性判断；从微观角度（个人）看，价值观是人们心中深层的信念、信仰、理想系统，在人的活动中发挥着价值导向、情感激发和价值标准的作用，构成人的人生观、世界观的重要内容。根据不同的划分标准，价值观可以分为个体价值观、群体价值观，经济价值观、政治价值观、文化价值观（包括道德价值观、审美价值观、宗教价值观、人生价值观等）和生态价值观，积极（先进、正确、合理）的价值观、消极（落后、错误、庸俗）的价值观，传统价值观、当代价值观和未来价值观，终极（最高）价值观、核心（主导）价值观、一般（非主导、从属）价值观，等等。价值观具有一定的普遍性、先导性、历史性、时代性和民族性。

由复杂多样的价值观经过长期反复的整合与消解，最终形成体现一个社会价值理念的价值体系。价值体系是一定社会、民族在一定时代社会意识的集中反映。任何社会的价值体系都是该社会价值观的集合体，是建立在该社会基本政治经济制度基础上的意识形态，是一个社会中存在的各个层次、各个方面的价值观的总和，是指一个社会中的价值取向、价值追求、价值尺度和价值原则等与价值有关的综合体系，由一个社会中存在的思想理论、价值观念、理想信念、道德准则、精神风尚等要素构成和反映出来。价值体系是一个整体系统，包含着丰富的内容和诸多要素，如指导思想、理想、信仰、信念、价值取向、价值评价，等等。任何社会的存在和发展，都需要一定的社会价值体系作为强力支撑。价值体系是逐渐形成和建立起来的，一旦形成后，它又具有相对稳定性。当一个社会中存在多种价值体系时，就有可能形成一种主导价值体系，并以它为统领，建立和形成这个社会的价值体系。社会的价值体系是一个包括核心价值体系和一般价值体系的完整的、内涵丰富的价值观系统，其构成具有层次性。社会价值体系的内核是由核心价值观构成的核心价值体系，由里到外则是由一般价值观构成的处于从属地位的其他价值体系，主要包括伦理价值观、政治价值观、经济价值观和社会价值观。核心价值观对其他层次的价值观起着支配性的作用，各个层次的价值观依据核心价值观来确定其内涵。各个层次的价值观互相影响、互相渗透，各个层次的具体价值观内涵会随着社会的发展和时代的变迁而调整或变化。

二　核心价值观与核心价值体系

核心价值观是核心价值体系的抽象提炼、高度概括和"总纲领"，是核心价值体系的"核心"；核心价值体系是核心价值观的存在基础、展开形态和重要载体，两者相互依存、相互作用、相辅相成、有机统一。

核心价值观是一个社会中居统领地位、起支配作用的价值理念，是一种社会制度、社会形态长期普遍遵循、相对稳定的根本价值准则，是一个社会的价值观、价值体系和核心价值体系的灵魂。核心价值观既体现着现实性的价值要求，又包含着理想性的价值诉求；既有大多数人普遍可以接受并实践的广泛性价值体现，又有感召人们不断提升的先进性价值理念。失去现实性，核心价值观便无法在现实中生存；失去理想性，以日常生活遮蔽、否定最高（终极）价值追求，人类社会将不可能获得进步和发展。一个社会的核心价值观，是以一个社会的价值观、价值体系和核心价值体系为基础，是对价值观、价值体系和核心价值体系的高度概括和抽象提炼，是价值观、价值体系和核心价值体系的核心。价值观、价值体系和核心价值体系，都必须围绕核心价值观，体现核心价值观，以核心价值观为引领和主导。

核心价值体系是一个社会的价值体系中最重要的组成部分。处于价值体系的统领和支配地位，是一个社会倡导和主导的价值体系，引领一个社会各种不同的价值取向、价值追求、价值尺度和价值原则沿着一定的方向发展。一定意义上说，核心价值体系是一个政党的行动指南，是一个国家的发展精髓，是一个民族的灵魂。

核心价值观与核心价值体系是两个紧密联系、不可分割的概念。在某种程度上，二者是内容和形式、内涵和外延的关系。一方面，核心价值观是核心价值体系的内核、最高抽象和精神之魂，也就是"核心中的核心"，决定核心价值体系的根本性质、基本方向和基本特征，引领核心价值体系的建构。没有核心价值观，就不可能有所谓的核心价值体系。另一方面，核心价值体系是核心价值观的必然的逻辑展开，是核心价值观形成、发展的必要条件、存在基础和重要载体。核心价值观渗透于核心价值体系之中，通过核心价值体系表现出来。没有核心价值体系，核心价值观就无所体现。

与价值观、价值体系、核心价值体系相比，核心价值观具有如下基本特征。

一是理想性。核心价值观把人类的远大理想同人们改造现实世界的实践任务结合起来，既反映现实又超越现实，成为引导人们进行价值追求和价值实践的价值理想和价值信仰。理想性是核心价值观的根本所在。孔子、亚里士多德、马克思等伟大思想家创立的理论，都以理想性指引人类社会发展的前进方向。正是由于核心价值观的理想性，人们才能在价值追求和价值实践过程中，不断地纠正与价值理想、价值信仰不相符合的价值偏差和价值失误；正是有了理想性的精神支柱，人们才能朝着共同的价值目标迈进，不断地获得前进的精神动力。

二是稳定性。核心价值观是一个社会最根本、比较恒定的价值观。当一个社会最根本的核心价值观确立以后，它将社会化、大众化、日常化，成为人们共同遵循和维护的根本价值准则，深藏于人们的思想深处。随着时代的变迁和发展，一个社会的某些基本的价值观，会有所发展和变化，价值体系和核心价值体系也会发生相应的发展变化，但核心价值观大体恒定。核心价值观是一个国家和社会发展的价值取向、价值追求的稳定器。

三是统摄性。核心价值观处于价值观、价值体系和核心价值体系的中心地位。价值观、价值体系和核心价值体系是核心价值观的外围"保护带"。核心价值观高度概括并集中反映时代精神的精华和前进方向，指明社会发展趋势，既立足于现实又超越现实，具有极大的感召力、引导力、凝聚力，对价值观、价值体系和核心价值体系起着协调、整合和引领作用。价值观、价值体系和核心价值体系保护着核心价值观免受冲击和影响，确保核心价值观的支配和主导地位。核心价值观是一个国家和社会发展的价值取向、价值追求的方向盘。

四是共识性。一个社会的核心价值观，是这个社会普遍认同的价值理想、价值信念、价值信仰的集中反映，并内化为人们普遍的价值取向、价值追求、价值尺度和价值原则。核心价值观只有得到人们的普遍认同，才能充分发挥作用。正是遵循着核心价值观的方向导引，人们才能沿着同一价值导向、向着同一价值目标团结奋斗。否则，核心价值观就会失去存在的社会心理基础，发挥不了应有的主导作用。核心价值观是一个国家和社会发展的价值取向、价值追求的主心骨。

五是建设性。一个社会共同遵循的核心价值观，不是单纯依靠社会自发形成的，而是需要正确认识、科学揭示其内在发展的规律，有赖于这个社会的统治阶级及其代表的积极性建设。只有当一个社会的核心价值观真正进入人们的思想和意识深处时，才能稳定地影响社会成员的价值判断和价值选择，逐步形成人们的价值取向、价值追求、价值尺度和价值原则，并最终形成整个社会普遍认同的价值理想、价值信念、价值信仰，从而影响整个社会的发展走向、制度设计、规则制定和社会交往，起到稳定社会秩序、引领社会发展的作用。

三　社会主义核心价值观与社会主义核心价值体系

社会主义核心价值观与社会主义核心价值体系两者在本质上是统一的有机整体，是社会主义思想文化体系不可或缺的重要内容和组成部分，但又各有侧重、相互区别。社会主义核心价值体系是社会主义核心价值观形成和发展的必要条件、存在基础和重要载体。从一定意义上说，没有社会主义核心价值体系，就不会有社会主义核心价值观的产生、发展和演进，社会主义核心价值观就无所依托。另外，社会主义核心价值观是社会主义核心价值体系的内核、高度概括和最高抽象，体现社会主义的价值本质，决定社会主义核心价值体系的根本性质、基本方向和基本特征，引领和主导社会主义核心价值体系的建构。

党的十六届六中全会通过的《中共中央关于构建社会主义和谐社会若干重大问题的决定》指出："建设社会主义核心价值体系，形成全民族奋发向上的精神力量和团结和睦的精神纽带。马克思主义指导思想，中国特色社会主义共同理想，以爱国主义为核心的民族精神和以改革创新为核心的时代精神，社会主义荣辱观，构成社会主义核心价值体系的基本内容。坚持把社会主义核心价值体系融入国民教育和精神文明建设全过程、贯穿现代化建设各方面……坚持以社会主义核心价值体系引领社会思潮，尊重差异，包容多样，最大限度地形成社会思想共识。"社会主义核心价值观渗透于社会主义核心价值体系之中，通过社会主义核心价值体系表现出来。而确立社会主义核心价值观，是建设社会主义核心价值体系的根本内容和应有之义。如果没有社会主义核心价值观，社会主义核心价值体系就没有灵魂，就会显得庞杂、分散而不集中、不精练。因此，建设社会主义核心价值体系与确立社会主义核心价值观是相辅相成、有机统一的整体，是一枚"硬

"币"的两面。只有将确立社会主义核心价值观与建设社会主义核心价值体系有机统一起来，才能为科学社会主义的思想体系、制度安排和实践运动提供科学、完整的价值合理性依据。

社会主义核心价值体系是一个融汇了社会主义价值观、社会主义价值体系和社会主义核心价值观的有机统一整体，是一个包含丰富内容的多层次体系。其中，社会主义核心价值观是以社会主义价值观、社会主义价值体系、社会主义核心价值体系为基础，是对社会主义价值观、社会主义价值体系、社会主义核心价值体系的高度概括和抽象提炼，对社会主义价值观、社会主义价值体系、社会主义核心价值体系起着统领和主导作用，并蕴涵在社会主义价值观、社会主义价值体系、社会主义核心价值体系之中，通过社会主义价值观、社会主义价值体系、社会主义核心价值体系表现出来，而社会主义价值观、社会主义价值体系、社会主义核心价值体系又处处体现着社会主义核心价值观，以社会主义核心价值观为指导和灵魂。在社会主义价值观、价值体系和核心价值体系中，只有那些集中体现以马克思主义为指导思想、以中国特色社会主义为共同理想、以爱国主义为核心的民族精神和以改革创新为核心的时代精神，以社会主义荣辱观为道德规范，在科学社会主义思想体系中占有核心地位的价值理念，才能称为社会主义核心价值观。

社会主义核心价值观和核心价值体系是一个不断丰富和发展的开放体系，其建设也是一个不断充实、加强和提升的过程，因而对于"核心"这个概念应当有更深入的理解。一方面，"核心"要坚持、要加强，要发挥主导、引领作用；另一方面，"核心"与非"核心"的内容，既要有所区别、不能一概而论，又要相互统一、相辅相成。除了"核心"部分外，还有许多外围的、非"核心"的部分，也属于社会主义价值观、价值体系和核心价值体系的范畴，并且有些也会不断融入、充实、提升到核心价值观的内容之中。

因此，只有用发展的观点、开放的观点，坚持"核心"与非"核心"的辩证法，才能促使社会主义核心价值体系更加丰富、更加完善，社会主义核心价值观更加科学、更加凝练。社会主义核心价值体系建设，既要重视"外围"部分，又要重视"核心"部分，把两者有机地结合起来。也就是说，既要重视社会主义核心价值体系的建构实践，又要重视社会主义核心价值观的提炼提升。

第三节　民航践行社会主义核心价值观

践行社会主义核心价值观是党和国家对民航行业的要求，是民航行业文化建设的出发点和立足点。践行社会主义核心价值观，是中国民航在确立建设民航强国的发展目标过程中所表现出的文化自觉与理性抉择，是民航系统大力推进社会主义核心价值体系建设、贯彻落实科学发展观、实现新时代中华民族伟大复兴的中国梦和民航强国梦的生动体现和主动实践。民航践行社会主义核心价值观，不仅是对党的十八大提出的社会主义核心价值观的具体化和形象化，更是民航行业秉持"人民航空为人民"的指导思想，实现民航强国战略目标的内在要求。

一　践行社会主义核心价值观是民航行业文化建设的应有之义

文化是民族的血脉，是人民的精神家园，也是一个行业发展进步的思想动力源泉。历史证明，一个没有文化、没有正确价值观的行业、企业，从长远来看是绝对没有发展前途的。自中华人民共和国成立民航事业发展至今，已逾60载春秋。从曾经的一穷二白，到如今的举世瞩目，中国民航所取得的发展成就，离不开两个力量的积累：一是硬实力，主要包括先进的技术、设施和设备等；二是软实力，主要包括统一的思想、认识、目标、追求以及从业人员的综合素质和工作环境，其核心就是一个行业文化所体现的力量。这种文化力量的思想基础，就是全行业的核心价值观。

民航人践行社会主义核心价值观不是行业发展一时兴起而为之，它是对几千年中华民族优秀文化的历史传承，特别是对勇于担当、不屈不挠的拼搏、奋斗、奉献精神弘扬光大。自中国民航创办之日起，第一代民航人就秉承孙中山先生"航空救国"理念，树立争取在世界民用航空领域获得一席之地的崇高理想。它饱含了强烈的民族自尊心和自信心，展现和孕育了民航人与民族命运紧密相连、心系国家发展、使命职责高于一切的价值观和凝聚力。自中华人民共和国成立以来，新中国民航作为高投入、高技术、高风险行业的代表，由于长期实行军队建制、受军队领导，忠诚于党、热爱人民、报效国家、献身使命、崇尚荣誉的军队文化深深融入其中。这些内容不断地融汇、碰撞、交流、升华，从而形成一个独具特色的民航文化氛围，造就了民航人独特的精神气质。因此，将社会主义核心价值观融入民航行业文化建设，是民航行业文化建设的应有之义，是对中华民族优秀传统文化的生动诠释。

当前，建设民航强国，需要一支有文化内涵的队伍，也就是一支素质过硬的队伍。加强行业文化建设，是统一思想、提升行业软实力的有力举措。在建设适应现代民航业发展要求、符合先进文化发展规律、具有鲜明时代特征、体现行业发展特色的行业文化过程中，要坚持用先进文化凝心聚力，用高尚精神统一思想，用科学管理规范行为，用优秀品牌提升形象，使全行业的软实力得到全面的提升。

早在 2012 年 6 月，民航局就印发《关于推进民航文化建设的指导意见》，明确了加强民航文化建设的主要内容和主要任务。主要包括：一是培育先进思想文化。积极推进社会主义核心价值体系建设，教育引导民航干部职工把握意识形态的正确方向，形成统一的指导思想、共同的理想信念、强大的精神力量、基本的道德规范，抵制各种错误和腐朽思想影响。坚持以社会主义核心价值体系为指导，以提炼培育"民航精神"为重点，加快推进民航行业价值体系建设。二是培育安全文化。以持续安全理念为统领，大力倡导"安全第一""崇严求实"等民航安全工作优良传统，构建安全理念、安全意识、安全制度、职业操守、专业精神五位一体的安全文化体系，让"我要安全""我能安全"成为全体民航员工的自觉追求和行为习惯。三是培育服务文化。树立先进的服务理念，坚持以人为本，增加服务的人文关怀。把文化内涵贯穿到民航服务链的全过程，通过文化创意，打造、丰富航空服务产品，积极发挥文化传播功能，以文化建设提升服务品牌。四是培育诚信文化。大力倡导诚信从业、诚信经营、诚信行政，塑造诚信团队、诚信企业和诚信机关，建设诚信行业，使诚信成为全体员工的基本行为准则和自觉行动，成为促进持续安全、提升服务品质的重要引擎。五是培育和谐文化。加强文化载体建设，引导全行业干部职工牢固树立大民航意识，大力倡导和谐理念和精神，促进行业内部各子系统之间、行业与关联系统之间的协调配合与合作共赢，构建和谐民航，树立行业良好形象。借此东风，民航局曾组织开展了"民航精神"候选表述语网络投票活动，将行业文化建设推向一个高潮。

可见，民航的核心价值观是行业发展的重要基础和精神家园，是提升行业软实力的思想保证。其中，行业使命是行业核心价值观的统领，解决的是服务方向和肩负责任的问题；共同愿景是行业核心价值观的主体，解决的是价值取向和奋斗目标的问题；行业精神是行业核心价值观的精髓，解决的是精神动力和精神风貌的问题；职业道德是行业核心价值观的基础，解决的是民航员工行为规范和职业操守的问题。

实现新时代中华民族伟大复兴的中国梦和民航强国梦是一个宏大的系统工程，需要统一全行业的认识和意志，集中全行业的智慧和力量。民航行业文化是在社会经济背景影响下，在本行业独有的物质技术条件和生产运营方式基础上，逐步形成的适合民航战略发展需要的价值观念、思维方式、行为规范、内部环境、外在形象的综合体现。大力推进行业文化建设，为民航强国建设提供强大精神动力和文化支撑。

二　凝练当代民航精神是加强民航行业文化建设的重要组成部分

（一）行业精神与行业文化

行业精神是一个行业基于自身特定的性质、任务、宗旨、时代要求和发展方向，且在为谋求生存与发展而长期生产经营的实践基础上，经精心培育而逐步形成的，并为整个从业人员群体认同的正向心理定式、价值取向和主导意识。

行业精神是行业文化的组成部分。从形成角度看，它是行业文化发展到一定阶段的产物，是行业文化特质，即最富个性、最先进的内容的反映。行业文化与行业精神的关系，不是简单的包含和被包含的关系，好比土壤与鲜花，行业文化是土壤，行业精神是鲜花，只有在肥沃的行业文化土壤上，才能栽培和繁育出绚丽多彩的行业精神之花。否则，再好的行业精神表达形式，如果没有肥沃的土壤为之提供营养和水分，也只能是昙花一现，或如瓶中插花，迟早总要凋谢。

行业的发展需要全体从业人员具有强烈的向心力，将行业各方面的力量集中到行业的发展目标上去。行业精神恰好能发挥这方面的凝聚作用。现代行业文化管理方式，其最终目标就是寻找一种先进的、具有代表性的共同理想，将全体从业人员团结在统一的旗帜下，最大限度地发挥人的主观能动性。行业精神的培育就是实现行业文化管理方式的重要途径。行业精神渗透于行业活动的各个方面和各个环节，它能给人以理想、信念，给人以鼓励、荣誉，也给人以约束。既可通过明确的意识支配行为，也可通过潜意识产生行为。其信念化的结果，会大大提高从业人员主动承担责任和修正个人行为的自觉性，从而主动地关注行业的前途，维护行业的声誉，为行业贡献自己全部的力量。

1. 行业精神是行业现实状况的客观反映

行业生产力状况是行业精神产生和存在的依据，行业的生产力水平及从业人员、管理者素质与追求对行业精神的内容有着根本的影响。

2. 行业精神是全体从业人员共同拥有、 普遍掌握的理念

只有当一种精神经过引导成为行业内部的群体意识时，才可认作行业精神。行业的绩效不仅取决于它自身有一种独特的、具有生命力的行业精神，而且还取决于这种行业精神在行业内部的普及和渗透程度。

3. 行业精神是稳定性与动态性的统一

行业精神一旦确立，就相对稳定，但这种稳定并不意味着一成不变。它是需要随着行业的发展而不断发展的。行业精神是对从业人员的现代生产意识、竞争意识、文明意识、道德意识以及行业理想、目标、思想面貌的提炼和概括。无论从其反映的内容还是从表达的形式看，行业精神都具有稳定性。但同时，社会发展形势又不允许行业以一个固定的标准为目标，竞争的激化、时空的变迁、观念的更新、行业的整合，都要求行业做出与之相适应的反应，这就反映出行业精神的动态性。稳定性和动态性的统一，使行业精神不断趋于完善。

4. 行业精神具有创新性

每个行业的行业精神都应反映自身的特色和创造、创新精神，这样才可使行业的工作活动更具有针对性，让行业精神充分发挥它的统率作用。行业财富的源泉蕴藏在从业人员的创新精神中。行业高层管理者的创新体现在其战略决策上，基层管理者的创新体现在怎样调动下属的劳动热情上，普通从业人员的创新体现在对具体工作的改进、自我管理的自觉性上。任何行业的成功，无不是其创新的结果，因而从行业发展的未来看，创新精神应当为每个行业的行业精神的重要内容。

5. 行业精神反映时代特征

行业精神是时代精神的体现，是行业个性和时代精神相结合的具体化。优秀的行业精神应当能够让人从中把握时代的脉搏，感受到时代赋予行业的勃勃生机。不同时代造就的行业和行业精神，都会打上不同时代的烙印。在发展市场经济的今天，行业精神应当渗透着现代

行业理念，确立以人为本、服务至上、理性竞争、经济效益和社会效益相结合等观念，充分体现时代精神应成为每个行业培育自身行业精神的重要内容。

（二） 当代民航精神的凝练与培育

新中国民航成立六十多年以来，从部队到地方，从单一到多元，披荆斩棘，风雨兼程，形成了许多独特的传统：讲政治顾大局，严密的组织纪律性，团结协作的团队意识，严谨细致的作风，一丝不苟、精益求精的工作态度，特别能吃苦、特别能战斗、特别能奉献的敬业精神……这些在长期的民航安全运行、急难险重任务保障、建设、改革与发展中形成的优良传统和文化积淀，构成了民航人特有的核心价值体系，为当代民航精神积淀了良好基因。

在中国民航发展的长期实践中，全行业越发意识到，践行社会主义核心价值观，加强行业文化建设，是建设现代化民用航空体系、实现民航强国目标、追逐民航强国梦的内在要求。在当前知识驱动经济发展的大背景下，文化的力量日益彰显。然而，行业文化并不是一个空洞的概念，它是知识经济时代文化思想的一种物化。从文化构成来看，行业文化主要由理念、精神和品牌构成。理念决定精神，精神铸就品牌，品牌又反映理念、折射精神，三者环环相扣，不可或缺。建设民航行业文化，最重要的是要形成一种行业发展理念，锻造一种行业时代精神，塑造一个富有竞争力的行业品牌。当前，围绕民航强国的宏伟目标，以创新行业发展理念，锤炼行业时代精神和塑造行业民族品牌为核心，是全行业加强行业文化建设的主要内容。

其中，凝练和培育"民航精神"，事关民航科学发展的全局，对于提高全行业广大从业人员的文化自觉，增强全行业广大从业人员的文化自信，进一步加大民航内部的凝聚力和对外的影响力，意义深远而又重大。凝练和培育"当代民航精神"是民航文化建设进程中具有根本性、引领性、长远性的工作，对于保障民航强国战略的顺利实施具有重要意义。当前，民航已经步入一个新的发展阶段，面对新形势、新任务、新要求和广大消费者的新期待，需要进一步增强行业全体从业人员的自豪感、归属感和使命感，巩固为建设民航强国而团结奋斗的思想基础，凝聚全行业从业人员的精神力量。

2016年4月8日，民航局在总结永暑礁新建机场校验试飞工作时，总结概括提炼出"忠诚担当的政治品格、严谨科学的专业精神、团结协作的工作作风、敬业奉献的职业操守"的当代民航精神，是民航行业基于自身特定的性质、任务、宗旨、时代要求和发展方向，为谋求可持续发展并在长期民航生产、工作实践的基础上，经过精心培育而逐步形成的，是一代又一代民航人共同创造、传承、实践的精神财富，是新时代中国民航在建设、改革和发展过程中不断形成的文化内核和思想动力。这简短的36个字，表达简明，朗朗上口，充分体现了当代民航精神与社会主义核心价值观的相互协调、行业个性与社会共性的相互兼容、历史积淀与未来目标的相互统一、行业特色与员工气质的相互融合，反映了新时代中国民航的文化品位和行业特质。

伟大时代需要先锋引领，更需要伟大精神指引前行。正如民族精神是一个民族赖以生存和发展的精神支柱一样，在社会主义核心价值观引领下的民航行业价值理念也必将为民航强国战略的实现提供精神支撑和不竭动力。当代民航精神是民航的兴业之魂，是当下130多万民航人共同的精神家园。民航践行社会主义核心价值观，弘扬当代民航精神，发挥当代民航精神在民航强国战略实施中的导向、凝聚和激励作用，调动和激发全体民航人的积极性、主动性和创造性，增强他们作为民航人的自豪感、荣誉感和责任感，鼓舞他们将自己的聪明才智贡献到建设民航强国的实践中去。

在庆祝中国共产党成立95周年大会上，习近平总书记告诫全党要"不忘初心，继续前进"。中国民航历来与祖国共命运，与时代同步伐，民航人不忘初心，始终坚持"发展为了人民"的宗旨，弘扬和践行当代民航精神，抓安全，促服务，在建设民航强国的征途上斗志昂扬。

不忘初心，要有忠诚担当的政治品格。对党忠诚、对事业有担当，是全体中国民航人工作、生活的思想基础，也是行动指南。正因为中国民航人具有忠诚担当的政治品格，才能在关键时刻站出来，圆满完成党和国家交给的每项任务。岂不畏艰险？所凭在忠诚。民航是事关国计民生的战略产业，忠诚担当的政治品格是民航人忠于党、国家、人民和事业应具备的基本品质。

遵从初心，要有严谨科学的专业精神。行谨则能坚其志，言谨则能崇其德。民航运输作为一个知识和技术密集型行业，每一项工作、每一个单位都来不得一点差错，求实、严谨、科学、专业，正是当代民航人严谨科学专业精神的最好体现。

坚持初心，要有团结协作的工作作风。单丝不成线，独木不成林。民航是人力和资源密集的行业，运行环节多、链条长，从班组到行业各单位、各部门都要养成团结协作的工作作风，以汇聚更多力量，促进行业更好发展。

恪守初心，要有敬业奉献的职业操守。人人做贡献，个个敢担当，民航人以强烈的责任感成就着伟大事业。敬业奉献的职业操守薪火相传，未来会有更多忘我无私、创新进取的民航人不断涌现，奉献蓝天。

千磨万击，百炼成钢。"忠诚担当的政治品格、严谨科学的专业精神、团结协作的工作作风、敬业奉献的职业操守"，凝聚着民航人的核心价值，是民航人的精神追求，是社会主义核心价值观在民航领域的生动体现，是全行业的宝贵精神财富。处在新时期的中国民航人，不忘初心，担当使命，踏实践行当代民航精神；汇聚力量，砥砺前行，推进民航强国建设走向新征程。

（三）　当代民航精神的基本内涵

行业精神是行业文化的灵魂，是行业核心价值观的精髓。2017 年全国民航工作会议指出，永暑礁试飞行动中展现出来的"忠诚担当的政治品格、严谨科学的专业精神、团结协作的工作作风、敬业奉献的职业操守"的当代民航精神，是对老一辈民航人辛勤付出的致敬，更是对新一代民航人投身事业的激励。他们是全行业的宝贵精神财富，是激励我们为实现民航强国而奋斗的强大精神动力。

1. 职业理想的确立——铸就忠诚担当的政治品格 （"忠业"）

忠诚担当，作为当代民航精神政治素质的表达形式，展示了中国民航人对党、国家、人民和事业尽心尽职、忠贞不贰，对历史使命和重大责任永不推脱的思想境界和政治品格。"人民航空为人民"，忠诚担当的政治品格作为民航从业人员的首要必备素质，清晰地回答了民航从业人员应该为谁服务和如何服务的根本问题。

一个人，在职业岗位上能否做到忠诚、干净和担当，取决于他追求什么，能否从中找到人生的乐趣和价值，即职业理想。职业理想是人们对职业劳动和职业生活所寄予的向往，是人们对职业活动和职业成就的超前反映，与人的价值观、职业期待、职业目标密切相关，与人生观、世界观密切相关。它是人们实现个人生活理想、道德理想和社会理想的手段，并受社会理想的制约。职业理想包括三个基本要素，即维持生活、发展个性和承担社会义务。这三个基本要素中哪一个要素占主导地位，将决定一个人职业价值观的类型与层次。坚持以辩证唯物主义和历史唯物主义的立场、观点和方法看待人生，坚持以最广大人民群众的根本利益为核心，坚持以实现社会主义的共同理想为目标，使自己的职业理想符合人民大众的根本利益，在职业行为中既实现自己的人生价值，又为人民、为社会做出应有的贡献，是铸就忠诚、干净和担当政治品格的基础。

民航作为高投入、高技术、高风险的行业，航空安全事关人民群众的生命财产安全、事关社会的稳定、事关国家的声誉。因此，作为民航从业人员，无论身处什么样的岗位，从事什么样的工作，都要忠于祖国，把对党的绝对忠诚和对祖国的无限热爱统一起来，牢固树立中国特色社会主义的理想信念，树立"四个意识"，自觉与党中央保持高度一致，主动站在国家战略和国家安全的高度，以对党对祖国极端负责的态度，抓好各项工作，完成党中央交给的各项任务；都要忠于人民，牢固秉持"人民航空为人民"的指导思想和"发展为了人民"的发展理念，坚定树立人民立场，回应人民期待，切实提高决策水平和治理能力，不断增强人民群众对民航发展的获得感和认同感；

都要忠于事业，把事业的完美作为我们的职业理想和人生信仰，牢牢守住"三条底线"，特别是要认真贯彻落实好习近平总书记"要坚持民航安全底线，对安全隐患零容忍"的重要批示精神以及其他中央领导的重要指示批示精神，坚持不懈、毫不动摇地把包括抓好航空安全在内的各项工作职责扛在肩上。

2. 职业价值的追求——塑造严谨科学的专业精神（"精业"）

精业表现为从业人员对本职工作的业务纯熟、技艺高超、精益求精、不断改进，它是实现职业理想最高境界的价值追求。一个职业劳动者最起码的职业道德要求是胜任本职工作，了解和掌握本职工作的基本性质、业务内容和工作技巧。一个优秀的职业劳动者还不能就此止步，更不能满足于多年工作而积累的一些经验，而应更上一层楼，由会到熟乃至精通，最终达到绝佳，成为本职工作的行家里手。当然，要做到这一点必须付出大量的心血和汗水，必须有"不达目的誓不休"的执著和毅力。"干一行精一行，精一行通一行"，应是每个职业劳动者的不懈追求。俗话说"世界上没有没出息的职业，只有没出息的懒汉""三百六十行，行行出状元"，只要真心爱岗敬业，精益求精、百折不挠，无论在什么岗位，都会有所成就。此时，职业就不再是一种负担，而是一种巨大的乐趣，一种生命潜能的开发，一种人生境界的升华，一种人生价值的实现。

科学精神强则人才盛，行业兴，科学精神弱则人才稀，行业衰。对知识和技术高度密集型的民航业而言，严谨科学既是中国民航的专业精神，更是中国民航的行业风格。中国民航发展至今，一代代民航人秉持严谨科学的专业精神，克服了一个又一个困难，攻克了一个又一个堡垒，突破了一个又一个技术瓶颈，取得了一个又一个成果。"创业守业皆须敬业，国情世情总观我情"，严谨科学是民航从业人员基本的职业道德，是践行"工匠精神"的应有之义，是建设创新型民航行业的必然要求，是推动民航科学发展、安全发展、高质量发展的客观需求。

3. 职业责任的强化——形成团结协作的工作作风（"乐业"）

团结协作是中国民航的优良传统。短短几十年来，中国民航历经数轮改革洗礼，在经历阵痛和发展的过程中，民航行业的内部分工越来越细，机场、航空公司、空管、油料、服务保障、行业监管等单位自成体系，各司其职，呈现专业化、精细化、科学化和规范化的鲜明特征。各子系统、各单位、各部门之间团结一心，群力协作，是实现民航安全高效顺畅运行的基本前提。

中国民航团结协作行业传统的建立是基于民航人对职业责任的认可。职责是人生的灵魂，也是每个人必须恪守的义务。职业责任就是把所从事的工作看作出于自身愿望和意志的要求，并承担起相应行为的后果。履行职业责任是每个劳动者的本分，也是成就伟大事业，把事业做大、把工作做好的最强内驱力。职业责任既包含职业场所和职业行为本身的客观规定，也凝结了劳动者对工作的关注和参与。一个有职业责任意识的劳动者，才能真正从内心热爱并热心于自己所从事的职业、所履职的岗位，把心思用在工作上，把精力花在事业上，把干好工作当作最快乐的事，做到虽苦犹乐，乐在其中，也就是我们通常所说的乐业。

"人心齐，泰山移。"中国民航是一个由行业管理部门、航空公司、机场、空管、油料等多个子系统组成的环环相扣、精密复杂的巨系统。每一个民航从业人员在职业活动中，无论是在日常工作还是特殊保障时期，都应树立明确的责任意识，要将团结协作的工作作风体现在思想认识的协同上、各项行业政策导向的协同上、各项改革任务推进步骤的协同上、各项监管措施效果的协同上，坚决打破部门、单位的本位主义，要有大局意识，牢固树立"大民航意识""一盘棋思想"。唯有团结协作，才能成就民航强国。

4. 职业定位的认可——坚守敬业奉献的职业操守 （"敬业"）

敬业奉献反映了当代民航精神的本质特征。它是中国民航一路走来，在世界民用航空领域获得一席之地的推动力，也是今后继续阔步前行，最终实现民航强国梦的力量源泉。

敬业，在党的十八大之前一直是社会主义职业道德的重要内容，是人们在职业道德上应该遵循的基本规范。党的十八大报告对社会主义核心价值观进行了科学概括，"敬业"第一次被正式作为社会主义核心价值观的重要内容之一。"敬重、认同、珍惜并热爱自己所从事的职业"是敬业价值观最基础的内容,它集中表现为人们对自己所从事的职业的态度和感情,主要表现为四个层次:第一层次的内容要求从业者干一行爱一行,它强调的是公民个人、民族、国家对职业的价值和意义的高度认同,是社会主义核心价值观对从业者最起码的要求;第二层次的内容要求从业者爱一行精一行,恪尽职守、精益求精、尽职尽责把自己所从事的工作做好;第三层次的内容是开拓进取的创新图强精神;第四层次的内容是把职业作为生命信仰,这是敬业价值观最高层次的内容,其核心是以人民为中心,全心全意为人民服务、为社会服务的奉献精神。

人们之所以要敬业,至少有三方面理由:其一,每个人总得以一定的职业谋生。职业生活占据了人生的1/3,敬重职业工作,就是对自己生命的珍视。其二,凡职业都是可敬的。无论何种职业,都是神圣的。每一职业都是社会大事业的有机组成部分,每个人所做的工作都具有社会意义,都在为社会谋利益。我们的各项职业都是为人民服务的,作为就业者的个人都是人民的一员;对于人民群众来说,"为人民服务"本质上是"人民自我服务",即公民之间通过相互的服务来谋求共同的幸福。每个职业岗位上的服务者,在别的岗位面前都是被服务者。因此,职业分工的原则是平等的,没有高低贵贱之分。其三,只有爱岗敬业,才能突破现有条件的局限,在平凡的职业劳动中创造不平凡的业绩。爱岗敬业是每个从业人员的本分和基本使命,只有遵守本分、牢记使命,才能在职业活动中有所发明和创造。因此,我们民航系统的每一个从业人员,对于本职工作应保持主动、乐观、尽心、尽责的态度,正确认识和处理好苦与乐、得与失的关系,耐得住寂寞、守得住清贫,守护好精神高地,做到干一行爱一行。

(四) 当代民航精神的逻辑关系

忠诚担当的政治品格是核心。要始终忠于党,坚定理想信念,牢固树立"四个意识",增强"四个自信",更加自觉地在思想上、政治上、行动上同以习近平同志为核心的党中央保持高度一致;要始终忠于祖国，把热爱祖国的朴素情感激发为报效祖国的远大志向，并落实到建设祖国的工作实践中去；要始终忠于人民，牢固树立发展为了人民的理念，把人民群众的期盼作为工作方向，不断增强人民群众对民航发展的获得感，以忠诚担当的政治品格夯实民航强国建设基础。

严谨科学的专业精神是实践路径。要坚持从严从实，严字当头，实字托底；要坚持抓细抓小，从细处着力；要坚持创新创造，担当开拓创新的使命，争做创新创造的先锋，以严谨科学的专业精神增强建设民航强国的行动力。

团结协作的工作作风是本质特征。要画好同心圆，树立"大民航"意识和"一盘棋"思想；要能当主心骨，时刻做好在团队有担当、为行业做贡献的准备；要凝聚向心力，培养团队精神，强化集体观念，以团结协作的工作作风润滑建设民航强国的链条线。

敬业奉献的职业操守是价值追求，要追求崇高的职业理想，使之根植于个人发展，根植于岗位要求，根植于党和人民需要；要树立坚定的职业信念，热爱民航，尊重职业，真情服务；要实现共同的职业成就，从民航发展中汲取个人发展动力，以敬业奉献的职业操守铸造建设民航强国的奋斗观。

小 结

总之，当代民航精神是中国民航事业发展实践成功经验的总结和提炼，它们体现了民航运输的基本功能定位、行业各个部门协同发展的整体要求和人民群众的根本诉求，是指导行业持续发展的精神动力。作为一名中国民航人，必须牢固树立"忠诚担当的政治品格、严谨科学的专业精神、团结协作的工作作风和敬业奉献的职业操守"的民航精神。这四方面内容既是新中国民航发展六十多年来精神品质的生动写照，又能够结合当今民航的重点工作及任务，彰显其涵盖的全面性。其中，忠诚担当的政治品格可以说是核心和基础，严谨科学的专业精神是精髓所在，团结协作的工作作风是行业传统，而具有敬业奉献的职业操守则反映了当代民航精神的至高追求。它们共同构成了一个有机、系统的整体，充分体现了社会主义核心价值观的内在要求，也体现了民航行业文化建设的历史传承，更体现了中国民航人与时俱进的精神文化追求。

第二章
忠诚担当的政治品格

　　忠诚担当，是中华民族的优秀品格，也是中国民航在长期历史发展和文化沉淀中孕育而成的行业核心价值观之一。在总结永暑礁试飞工作中提炼出来的当代中国民航忠诚担当的行业精神，具有深刻的思想内涵和文化底蕴，是民航行业特质、人文传承和社会功能的有机统一，集中揭示了新中国民航事业在短短的六十多年间，在践行社会主义核心价值观进程中，在政治建设、思想建设、业务建设、作风建设、品德建设等方面取得的成果，体现了中国民航人在政治品格、党性修养和职业素质方面的要求。总结过去，展望未来，在实现新时代中华民族伟大复兴的民航强国梦的征途中，对党忠诚、个人干净、敢于担当，仍将是新时代民航人最基本的理想信念和职业素养。

第一节 忠诚担当——中国民航的政治品格

一 忠诚担当的内涵

（一）东西方对忠诚的认知

忠诚，是指对所发誓效忠的对象真心诚意、尽心尽力，毫无二心，代表着诚信、尽职和服从。荀子在《荀子·尧问》里讲道："忠诚盛于内，贲于外，形于四海"，寓指人们的内心信念与执着追求，重心向内，并通过特定的实践方式外化出来。正所谓"内化于心，外化于行"。忠诚，在我国历史文化传统中具有很高的地位，"忠"被看作最重要的道德规范。东汉马融所著的《忠经》是系统总结忠德的专门经典，他对忠的含义、标准、目的作了全方位的阐释，并分章对人类社会各阶层应履行的忠道——进行了阐述，上至君王，下至平民，须各尽其忠，同心同德，因此可感动天心，各种美好的祥瑞都来相应，这就是忠的力量所致。中国传统文化中"忠、孝、仁、爱、信、义、和、平"被称为"八德"，"忠"列"八德"之首。"忠"不仅被看作个人的"修身之要"，而且被定为"天下之纪纲""义理之所归"。早在《尚书》《左传》等典籍中，就有"忠德之正"的思想。内容浩如烟海的《二十四史》，专门辟有忠臣篇章，列数忠臣无数。苏武牧羊十九载、关羽"身在曹营心在汉"、岳飞"精忠报国"、史可法血战扬州、义和团扶清灭洋，无不是中国古代历史上忠义之士的典型代表，所反映的大义忠贞气节，极大地彰显了优秀传统文化的思想精髓，是中华民族鲜明魂魄的生动体现。

"天下至德，莫大乎忠。"对于忠诚，西方也像我们一样重视有加，在有些领域甚至有过之而无不及。比如，美国人从小就在培养对国家的忠诚，公立学校的学生每天开课之前都要背诵"我宣誓效忠国旗和它所代表的美利坚合众国……"这样的效忠誓词，而要入籍美国也要宣誓，讲"我将真诚地效忠美国"这样的话。美国在《美国政府部门伦理规则》中规定，包括政府官员在内的所有的政府雇员"对最高原则和国家的忠诚高于对个人、政党或者是政府部门的忠诚"。美国西点军校"责任、荣誉、国家"的校训，其中就内含关于忠诚的价值观教育，美国海军陆战队中有一种观念被经常强调，就是"忠诚高于服从"，"永远忠诚"是海军陆战队的精神支柱。在美国这块崇尚自由的土地上大倡"忠诚"思想，有些人可能还不甚理解，但实际情况确是如此。

人们为什么对"忠诚"推崇备至呢？根源就在于它的重要性甚至超出生命的价值，如空气和水一样，须臾不可或缺，成为整个人类社会所必需的精神品质。没有忠诚，就没有爱，友谊也不会持久；没有忠诚，就没有责任，家庭就会支离破碎；没有忠诚，就没有凝聚，国家、政党、民族就会一盘散沙、分崩离析。忠诚，可以说是人类本性使然，是安身立命之本。因此，无论是一个组织、政党，还是一个国家、民族；无论是一个行业、单位，还是一个团队、个人，都把"忠诚"二字摆得很高，成为倡导和推崇的价值理念。《中国共产党章程》明确规定党员的基本义务之一就是要对党忠诚，这是每个党员入党宣誓时的庄严承诺。绝对忠诚于党，是我们党对党员的根本政治要求，是党的事业兴旺发达、长盛不衰的坚强政治保证。"疾风知劲草，板荡识诚臣。"革命战争年代，对党忠诚就是在血与火、生与死的考验面前，视死如归、永不叛党的坚贞信仰。和平建设时期，对党忠诚就是时刻牢记自己的第一身份是共产党员，始终坚守共产党人的精神高地，为党和人民鞠躬尽瘁、死而后已。正因忠诚是人类社会普遍共通的价值认知，千百年来古今中外的仁人志士，对"忠诚"都有着许许多多的赞美和颂扬，可谓仁者见仁、智者见智。到了近代，更是达到一个新的认识高度和境界。然而，忠与不忠、诚与不诚，需要的是时间的淬炼，甚至穷尽一生，经历生与死、得与失、荣与辱的重大考验。因此，这就更需要我们对忠诚有一个全面完整的认知，从历史、辩证和时代的角度，对其有更深层面的把握，进而才能固本培元、心明眼亮，做到去伪存真、知行合一。

（二）担当与担当精神

"担当"一词最早出现在宋代《朱子语类》第八十七卷："岂不可出来为他担当一家事？"意指接受并负起责任。肩扛千斤，谓之责，背负万石，谓之任。对我们而言，担当无处不在，是为人之要，是成事之基，展现人格之美，蕴含着深刻的为人智慧和处事哲理。

担当彰显人格之美。有担当的人总是给人感觉"信得过""靠得住""有本事"，这些彰显的就是人格之美，主要体现在四个方面：一是道德担当为品行之美。担当的本质是责任，中华民族传统美德，强调的也是责任。面对国家没有责任，哪有尽忠之心？面对自己没有责任，哪有进取之心？这里责任二字可换成担当。道德担当，就是为人处世中以德律己、以德待人，人格之美源于品德之美。二是事业担当为敬业之美。担当事业也就是敬业。敬业的人，遵从集体，弃小我成就大我；崇尚事业，饱含激情，富有效率。三是信念担当为执著之美。不管是孟子所言"穷则独善其身，达则兼济天下"，范仲淹所称"居庙堂之高则忧其民，处江湖之远则忧其君"，还是对季羡林先生的判词"生于忧患，以自强不息成就人生传奇"，无不集中体现儒家担当观的君子人格，君子人格的核心就是一个"志"字。君子人格流芳千古，不忘初心，方得始终，传递着始终不渝、锲而不舍的执着魅力，让人肃然起敬。四是奉献担当为高尚之美。奉献之所以高尚，因为它不求回报、不计得失；奉献之所以最美，因为他无惧无畏、无私无我，甚至舍身成仁、杀身取义。屈原以死明志，文天祥宁死不屈，吉鸿昌英勇就义，正是这些灵魂高尚的人，在每个历史关键节点，奉献担当，才有我们今天的美好生活，才有中华民族的复兴强盛。

担当成就智慧人生。担当意味着损失利益、承担风险甚至付出生命。但以辩证眼光看待担当，就会发现担当其实蕴涵着深刻的处世哲学和人生智慧，是开启成功之门的"金钥匙"。一是担当职责才能获得成长。古往今来，事业上有所成就者，大凡离不开两条：强烈的事业心和责任感；锲而不舍的勤奋努力。这两条的有机结合，即为职责担当。二是担当失误才能凝聚人心。不管是团队还是个人，只要在干事，就可能犯错，犯错不可怕，可怕的是推卸责任，这不但无助于解决问题，反而会让团队一盘散沙。只有主动担责，才能凝聚人心，使团队所向披靡、无坚不摧。三是担当危难才能超越自我。智谋出于急难，巧计生于临危。危难不仅是挑战，更是机会，是激发潜能、超越自我的良机。四是担当正义才能成就崇高。追溯历史，那些"为天地立心，为生民立命，为往圣继绝学，为万世开太平"的士大夫们，至今仍备受景仰。现今社会，或许没有"铲尽世间不平事、万里江湖任我行"的机会和能力，但当我们选择与邪恶做斗争时，只要做到对正义的担当、对原则的坚守，必将得到全社会最普遍的认同和支持，从而充满力量，凛然无畏，让自己的精神境界和人生价值得到提升。

担当承载时代使命。时代的呼唤需要担当，承载使命亦要担当。我们每个人都应该对所处时代和社会的发展进步担负起责任。一是担当的前提是明确使命。一个时代有一个时代的使命，一代人有一代人的担当。新中国成立之初的那一代人，担负着百废待兴、白手起家的艰巨任务；改革开放那代人，担负着解放思想、发展经济的神圣事业；如今我们这代人，担负着伟大复兴、实现中国梦的光荣使命。二是担当的关键是自身过硬。责重山岳，能者方可当之。要有舍我其谁的气魄，在其位、谋其政，敢追求、有志气，能付出、敢牺牲；要有淡泊从容的胸怀，懂感恩、懂珍惜，能吃亏、能吃苦，想得开、放得下；要有积极而为的作风，提前介入，上升一级抓谋划，主动下沉抓落实；要有以身作则的要求，率先垂范，坚持原则，清正廉洁；要有应对自如的本领，善谋全局，顺势而为，知行合一，解决问题。三是担当贵在身体力行。个人要言行担当，多谋事少谋人，多实干少张扬，多奉献少索取，多担责少推诿，多简单少浮躁。社会要崇尚担当，组织要撑腰鼓劲，把担当作为选人用人的重要导向，对那些有锐气、勇作为、敢担当的干部，重点关注、重点使用。

担当是一种境界，在不同领域、不同视角下，担当有不同的表现。"一人做事一人当"，是普通百姓对担当率直快意的表达；"天下兴亡，匹夫有责"，是仁人志士丹心报国的担当誓言；"穷且益坚，不坠青云之志"是有志者身处困境自我担当意念的袒露。"维护世界和平，促进共同发展"是一个国家和民族致力于国际担当的庄严承诺。

在急难险重面前，有旗帜鲜明的政治立场和思想境界，有一马当先的勇气和魄力，有履行责任的能力和素质，这就是担当精神。担当精神有三层含义，其中，旗帜鲜明的政治立场和思想境界是基础；勇气和魄力是内在的驱动力，是担当主体的主观能动性；能力和素质是外在的执行力，是担当主体的客观限制性。有勇气而无能力，无法担当；有素质而无魄力，亦无法担当。

勇于担当，就是勇于负责，具有想干事的进取精神、能干事的务实精神、干不成事不罢休的负责精神，以及干事而不出事的自律精神。勇于担当，既是一种催人奋进的力量，一种不辱使命的气概，又是一种高尚的道德品质，一种崇高的精神境界。只有勇于担当责任的人，才能集中精力，全身心投入，形成坚强的意志和品格；只有勇于担当的行业，才能凝聚人心、凝聚力量，才能被赋予更多的重任，才有资格获得更大的荣誉，赢得更多的信任，创造出辉煌的业绩。

二 民航忠诚担当的体现和必备素质

（一）忠诚的具体体现

习近平同志曾经说过："在社会主义核心价值观中，最深层、最根本、最永恒的是爱国主义。"忠诚担当是社会主义核心价值观下的爱国价值最为直接的表述，忠诚担当是中国民航行业核心价值体系的方向引领，是民航行业文化积淀的优秀成果。新中国民航成立六十多年来，一代代民航人始终保有一颗赤诚纯真的报国初心，坚持以航空报国、民航强国为己任，牢记周恩来总理"确保飞行安全，争取飞行正常，改善服务工作"的重托，加强思想文化建设武装，锤炼过硬业务本领，严格安全规章和标准，积淀了深厚的民航行业文化。忠诚担当的政治品格正是通过民航行业文化的沃土所孕育，从而在永暑礁机场校验飞行中全面彰显。当代民航精神所表述的"忠诚担当"之"忠诚"，主要体现在三个方面：忠于祖国，忠于人民，忠于事业。

对广大民航从业人员而言，所谓忠于祖国，就是要把对党的绝对忠诚和对祖国的无限热爱统一起来，牢固树立中国特色社会主义的理想信念，心中有党，胸中有国；牢固树立政治意识、大局意识、核心意识和看齐意识，坚定不移地维护以习近平总书记为核心的党中央的权威，在大是大非面前保持政治定力，头脑清醒，旗帜鲜明。"树之茂盛靠根深，人之忠诚靠铸魂。"对祖国的忠诚来源于坚定的政治信仰，是中华民族永远立于不败之地的根本。忠于祖国，还表现在对具体工作的极端负责，对日常言行举止的高度自觉。

对广大民航从业人员而言，所谓忠于人民，就是要对人民绝对忠诚，秉持"人民航空为人民"的指导思想和"发展为了人民"的发展理念，心中始终装有人民，时时刻刻、事事处处为人民着想，淡泊名利重事业，把全心全意为人民服务作为毕生的价值追求，把人民群众对中国民航的期盼和诉求作为民航事业奋斗方向和前进动力。

对广大民航从业人员而言，所谓忠于事业，就是对本职工作绝对忠诚。劳动与工作是人类社会产生和发展的前提条件，也是每一个有劳动能力的普通公民的基本义务，是一切财富的源泉。对劳动的热爱，对工作的虔诚，常常会超越个人的私欲，将自己从事的职业看成民族大业和国家大业的一部分，哪怕是点滴的成功，都与大业息息相关，"创业守业皆须敬业，国情世情总观我情"。因而以此为乐，以此为荣。干一行，爱一行；爱一行，专一行；专一行，精一行。这是民航从业人员基本的职业道德，是践行"工匠精神"的应有之义，也是实现民航高质量发展的基本保障。

（二）勇于担当的必备素质

"责重山岳，能者方可当之。"担当重任不只是主观的意愿，而且要具有实实在在的能力。想担当还需能担当，勇于担当必须具备以下素质。

1. 勇于担当需要有勇挑重担的魄力

担当考验胸怀和魄力，有怎样的魄力，才能有怎样的担当，没有胸怀或胸怀不够，就担当不了大事和难事。当下，推进民航强国战略实施，对全体民航人而言，既是大事又是难事。民航人要担当好这一历史重任，不辜负党和人民的重托，视野和思路就不能局限于一时的或者局部的困难，而是要用科学发展的视野和高度进一步超越自我，敢于登高望远，用全球眼光和战略思维，从长远和全局的高度谋划整个行业的发展。要担当好这一责任，还要超越"小我"成为"大我"，不能一味计较行业、单位、部门或者个人自身的得失，满足一时成绩，习惯于故步自封，而是要把国家和人民的利益放在心中最高的位置，敢于承担责任和风险。

2. 勇于担当需要有承担事业的能力

要担当就必须有真才实学的本领和驾驭局面的能力。本领和能力是敢于担当的底气，并且直接关系担当的结果。没有底气的盲目担当是对党、对人民、对国家财产的不负责任，对于推进民航强国战略来说，需要提高全体民航人的知识水平和工作能力，尤其是工作能力，它包括对新事物、新技术、新理念的学习认知能力，对工作全局的统筹协调能力，对复杂问题的处理能力。这些能力最终直接体现在实现"担当"的执行力上。没有执行力只是夸夸其谈必将贻误事业。民航人应自觉地加强学习，善于运用学到的知识武装头脑、指导实践、解决实际问题。做到知行合一、学以致用，增强工作的科学性、预见性、主动性，说内行话、做明白人、干正确事，成为敢担当、能担当、会担当的"行家里手"。

3. 勇于担当需要有百折不挠的毅力

担当者背负千钧、任重道远，非有坚强的意志难成其功。人民有信仰，民族有希望，国家有力量。"红军不怕远征难，万水千山只等闲"这种大无畏的精神力量正是来自共产党人坚定的信仰和正义的担当。民航强国战略的推进不可能一帆风顺，可能会有很多意想不到的困难和矛盾需要解决和攻克。挑战面前最需要、最可贵的就是敢于坚持、敢于胜利，对认定了的事情，被实践证明为正确的东西，人民群众赞成而盼望的工作，必须以百折不挠的毅力和排除万难的勇气毫不动摇地向前推进。面对国际形势日趋严峻、民航市场竞争日渐激烈、空防安全压力越来越大的大环境，大到 C919 大飞机研制团队、CDM 协同决策系统建设团队，小到 ARJ21－700 型号合格适航审查组、西藏航空机务工程部维修分部 BRAVO TEAM 班组……一个个敢担当的"硬骨头"团队就是在这种情况下锤炼出来的，这种坚忍不拔、矢志不渝的作风一定要继续发扬光大，树起中国民航人的一面旗帜。

4. 勇于担当需要有敬业奉献的精神

没有敬业奉献的思想做基础，在困难面前人往往就会选择逃避和推脱，担当也只是一句空话。担当要有舍我其谁的气魄，担当是"我不入地狱谁入地狱"的牺牲，是"虽千万人吾往矣"的豪迈，是"苟利国家生死以，岂因祸福避趋之"的坦荡。舍我其谁，就是要敢于承担，有强烈的角色意识，这就需要民航人都应不避繁难、脚踏实地办好每一件小事实事，在每一个细微环节上倾心尽力，精益求精，只为成功找方法，不为困难找借口。关键时刻，每一个民航人都要向前一步，不畏艰险、勇挑重担、全力以赴。只有这样的担当才是真担当，才是党、国家和人民需要的行业担当。

第二节　忠诚担当——民航的传承与发展

忠诚担当，作为当代民航精神的政治素质表述形式，展示了中国民航人对党、国家、人民和事业尽心尽职、忠贞不贰，对历史使命和重大责任永不推脱的思想境界和政治品格。它是中国民航在六十多年发展历程中，一代代民航人航空救国、民航强国的爱国思想的继承和发扬，是新形势下社会主义精神文明建设在民航行业的具体体现，是新时代中国特色社会主义核心价值观与民航行业特点相结合的宝贵成果。中国民航发展规模从弱小到强大，安全管理从粗放到精细，运行品质从低效到高效，一步一个脚印，这些翻天覆地的变化所反映的正是中国民航人用对党、对人民、对事业的绝对忠诚，担当起了航空救国、民航强国的责任和"发展为了人民"的崇高使命。

一　忠诚担当是民航事业发展的必要前提

回顾中国民航的发展历程，可以发现从一开始中国民航就承担起了民族复兴、扬我国威的历史重任。辛亥革命时期，以冯如为代表的有识之士抱着"壮国体，挽利权"的宗旨带着飞机回国，秉承孙中山的"航空救国"理念，树立起争取在世界民用航空领域获得一席之地的崇高理想，担当起了历史赋予他们的时代使命。在当时，由于受帝国主义和官僚资本主义的双重操纵控制，民航事业的发展处处受到牵制，没有独立自主可言。南京国民政府主导下的中国航空公司虽然由中方控股 55%，但机务航行的管理权和航线经营权实质上都操纵在美国人手里；而另一家与德国合办的欧亚航空公司（后改组为中央航空公司）在一段时间里也不得不"借重于德美之人才"。然而，老一辈中国民航人并没有因此而气馁，而是抓紧机会刻苦学习、钻研业务，通过自己培养和战火磨砺，大批中国籍飞行员迅速成长起来，勇于驾机投身抗日战争，为中华民族赢得了尊严和荣誉。值得一提的是，在抗日烽火下中国航空公司排除万难，冒着巨大的危险开辟了昆明—密支那（缅甸）—加尔各答（印度）这一重要的抗战后勤补给航线。该航线因必须飞越高耸入云的喜马拉雅山东段和横断山脉地区而成为第二次世界大战中"中国空中的生命线"。这也就是以恶劣气象条件和巨大飞行难度闻名于世的"驼峰航线"。"驼峰航线"是世界战争空运史上持续时间最长、条件最艰苦、付出代价最大的一次悲壮的空运。前前后后共拥有 100 架运输机的中国航空公司作为"驼峰航线"的急先锋，不避艰险，不怕牺牲，在有可能遭受日军战机拦截堵击的危险情况下，夜以继日地穿梭飞行，先后损失飞机 48 架，牺牲飞行员 168 人，损失率在 50% 以上。这段历史生动地再现了第一代中国民航人忠诚报国、勇于担当的精神，圆满完成了时代赋予那一代中国民航人的历史使命。

1949 年 11 月 9 日，十二架飞机（央航一架、中航十一架），从香港启德机场起飞，飞向了刚刚成立的中华人民共和国。随后，驻香港的中国航空公司、中央航空公司（简称"两航"）宣布脱离蒋介石政府，回归新中国。这就是著名的"两航起义"。作为世界第六、远东第一的中国航空公司和中央航空公司（是时，"中航"民航客机近五十架，"央航"包括世界最先进的康维尔－240的飞机在内共近三十架），在国家、民族处于最关键时期，毅然做出抉择。刘敬宜、陈卓林两位总经理之英名迅速传遍全球，随之，两家航空公司共有4000多名职工跨过罗湖桥，回到新中国……"两航起义"是中国民航史上的一个转折点，是广大两航员工在波澜壮阔的革命大潮中，遵循党所指引的方向，发扬忠诚担当的爱国主义精神，投向人民祖国怀抱的正义行动，它为新中国民航事业的迅速发展奠定了物质、人才和技术基础。毛泽东主席称之为"一个有重大意义的爱国举动"；周恩来总理称它是"具有无限前途的中国人民民航事业的起点"。

新中国民航发展至今，体制机构经历了多次调整，但无论是划归空军受军队领导的部队建制，还是成为国务院直属机构，还是现在划归交通运输部，民航人都始终做到以国家和人民的利益为重，服从和服务于国家战略发展的总体布局，从不计较部门或个人的荣辱得失。特别是改革开放以来，民航人坚决贯彻邓小平同志做出的"民航一定要企业化"的指示，主动放弃行业固有利益，率先开展体制改革。从1987年开始，民航系统实行地区管理局、航空公司、机场分设，成立若干骨干航空公司和地方航空公司，机场、空管作为独立的部门运营。2002年，有关部门又按照加强国有资产管理的要求，将民航资产重组并成立了三大航空运输集团和三大航空服务保障集团交由国资委管理，将除首都机场和西藏机场之外的所有民航机场移交地方管理。2008年3月，为配合国务院建立国家综合交通运输体系，探索实行职能有机统一的大部门体制，新的中国民用航空局组建，归交通运输部统一管理。在新时期，民航人所表现出来的围绕中心、服务大局、响应号召的高度责任感和历史使命感正是中国民航对党忠诚，勇于担当核心价值观的完美诠释。它使中国民航无论在交通运输领域，还是在社会上都树立了改革先锋模范的良好形象。

总结中国民航发展的实践，我们不难发现，随着社会的发展、技术的进步，民航运输以其安全、快捷、通达、舒适的独特优势，在现代综合交通运输体系中发挥着越来越不可替代的重要作用。民航除了是交通运输业的重要组成部分外，同时也是确保国防和群众利益安全的可靠保障，更是抢险救灾、应对突发事件的生力军。民航人把发挥好这一职能作为自身履行社会责任、实施航空报国的方式和契机，祖国和人民哪里有需要，哪里就有中国民航的身影。只要祖国和人民心之所系，天空中就有中国民航飞行的轨迹。不管前方是坚冰还是烈火，不管远处是崎岖还是泥泞，中国民航都会坚定前往。

1. 灾后抢险救援：义之所在，刻不容缓，大显身手

与其他交通方式相比，有着"空中诺亚方舟"美誉的民航，在抢险救灾工作中发挥着举足轻重的作用。一旦自然灾害严重破坏路面交通系统，民航就成为唯一有效的交通方式。长期以来，中国民航在抢险救灾工作中全力以赴，战斗在最前沿。

灾情就是命令，抢险救灾刻不容缓。每当重大、特殊、紧急的事件发生时，中国民航总是迅速启动应急响应机制，第一时间成立民航工作领导小组。在每次救援行动中，中国民航都以高度的政治责任感和担当意识，把人民群众的生命安全放在第一位，主动作为，搭建运送灾区旅客和救援物资的"空中保障线"。恪尽职守，一次次的从天而降，为灾区人民带来曙光和希望。

正是在民航局的统一部署下，无论是在 2008 年的"5·12"四川汶川地震，还是 2010 年"4·14"的青海玉树地震、2017 年"8·8"的四川阿坝九寨地震……中国民航作为抢险救灾的生力军，在时间紧、任务重、单位时间运量大的情况下，屡次创造了大规模紧急调集民航运输飞机的新纪录。以汶川地震救灾为例，当时民航合计出动了200 多架民航飞机，组织了 1200 多班包机抢运救灾人员和物资，在第一时间为灾区打通了"空中生命线"，在第一时间为灾区人民送去生的希望。作为民航重要组成部分的通用航空，更是在地震救援中做出了突出贡献，地震带来的山体滑坡和泥石流，使灾区很多地方成为"孤岛"，直升机成为唯一可以运送伤员、空投物资的交通工具。就在汶川地震后的第二天，民航局连夜调动东方通用航空公司、江苏华宇通用航空公司、南航珠海直升机公司、中信海洋直升机股份有限公司、哈尔滨飞龙专业航空公司、新疆开元通用航空公司6家通用航空公司的30架直升机参与救援行动，这是中国民航史上规模空前的直升机千里救援大集结。这些直升机以民航飞行学院广汉机场为基地，向灾区空投物资，运送伤员，在抗震救灾一线大显身手。

故事 1

"5·12 汶川地震"民航大规模调集运力创历史新纪录

5月13日，从凌晨3点开始到第二天早上10点半左右，民航按中央部署，迅速组织了55架飞机，运输7450名救援人员到灾区。此次运输保障任务涉及全国6家航空公司和30个机场。

5月14日，按照国务院抗震救灾总指挥部的指示，民航局迅速成立了民用直升机抗震救灾飞行指挥部，连夜调动6家通用航空公司的30架直升机赶赴灾区救援。

截至5月16日，民航局紧急调动了全民航23家运输及货运航空公司的近百架飞机集中运送救灾物资和救灾人员，执行紧急专机、包机任务222班，从全国各地向四川紧急运送了2万多名解放军、武警、消防官兵和医疗人员，以及1200多吨救灾物资。如此大规模的航空运力调用是民航历史上没有的，民航这一出色的应急救援反应能力受到了中央领导同志的表扬。

（资料来源：摘编自《中国民航报》2008年5月19日，第1版。）

2. 肩负国家使命：纵横万里，虽远必至，尽展担当风采

为国家富强和民族复兴插上翅膀，为身处全球各地的中国公民保驾护航，中国民航始终牢记使命，用实际行动践行着忠诚担当的政治品格。

南海是东亚及世界的物流生命线，具有无可比拟的战略价值和经济价值；南海上空也是国际航班飞行最为密集的空域之一。在我国南海一望无际的碧波蓝天间，永暑礁、美济礁、渚碧礁如同3颗璀璨的

明珠，岁月安然，一梦千年。在这几个岛礁上建机场，其政治意义大于军事意义，军事意义大于经济意义。随着这 3 个岛礁新建机场的顺利竣工，这片祖国最南端的海域迎来了中国民航的亲切问候。2016 年 1 月 6 日，中国政府征用的南航和海航各一架客机先后从海口美兰机场起飞，经历近两小时飞行，平稳降落在永暑礁新建机场，成功完成试飞任务。时隔半年，7 月 12 日，一架来自中国民航飞行校验中心的塞斯纳 CE－680 型飞机飞抵美济礁和渚碧礁，对这两个岛礁上的新建机场实施了校验飞行。次日，南航和海航的两架客机飞抵新机场，圆满完成试飞工作。这些机场的投入使用，对于大幅提升南海地区空中交通服务能力，提供航空气象、紧急备战、南海救助、海洋监测、环保科考等方面的公共服务，意义深远。

除了战略价值，民航担当了更多的社会责任。当祖国同胞在海外有难、急需国家救援之时，每一个参与救援的航班便成为一方"移动的国土"。这时候，中国民航所执行的已不是简单的运输任务，而是不折不扣的"国家行动"。2011 年 2 月 23 日至 3 月 5 日，一场自中华人民共和国成立以来最大规模的撤离海外公民行动震惊世界。在这次历时 11 天的"惊天大撤离"中，中国民航共派出了 91 班包机，飞赴利比亚、希腊、突尼斯、马耳他、埃及、阿联酋 6 个国家，接回我国公民 26240 人。从北非到地中海的天空，或许从未被如此之多的中国飞机密集地划过，纵横几万公里的海外大撤离，参与救援的民航人背后的艰辛与令人感动的事迹可能并不为众人所知。在这场跨越亚欧非三大洲涉及 6 个国家的救援行动中，在高峰时段，在中国与地中海几个国家之间的上空每天往返穿梭的中国民航飞机多达 40 架次，每天接回同胞超过 6000 人，各航空公司涉及调整正常航班 1800 多班，间接影响航班更是上万架。整个行动期间，参与执行任务的各航空公司、机场、空管等保障系统的全体人员，紧密配合，步调一致，充分展示了中国民航人的使命担当精神。正是因为如此，饱受战乱、饥饿、惊恐日子的撤离公民才会发自肺腑地喊出"祖国万岁"的心声，也才会坐上飞机后一同挥舞国旗、同声高唱国歌。中国民航在这次撤侨行动中以其行动之迅速、规模之大、效率之高，不仅受到党中央、国务院的高度肯定和社会各界的一致好评，而且还广受国际社会的尊重和赞誉。中国民航人为祖国赢得的这份荣誉，就是使命担当。

故事2

祖国的飞机接你回家
——中国民航执行史上最大规模撤离海外中国公民包机任务纪实

"祖国万岁！"（2011年）2月23日，在踏进中国国际航空公司首架撤离中国公民包机的机舱后，223名滞留在利比亚的黎波里的中国公民不禁热泪盈眶地欢呼起来。一名女留学生噙着热泪说道："这是发自我们肺腑的心声，只有经过战乱、饥饿，度过惶恐不安的日子后，才有这种深刻的体会！"

2月16日以来，北非国家利比亚局势持续动荡，引起国际社会的密切关注，而随着该国爆发的骚乱及流血事件的不断升级，外国侨民开始争相逃离这片动荡之地。据统计，中国在利比亚开展投资合作的企业共有75家，项目50个，人员3.3万人。在这场利比亚动乱中，部分中资企业机构和项目营地遭持枪持械歹徒袭击，粮食被抢，生活物资匮乏，甚至还有一些人员因歹徒袭击而受伤。

2月22日，胡锦涛总书记、温家宝总理做出重要指示和批示，要求有关方面迅即采取切实有效措施，全力保障我驻利比亚人员生命财产安全。

一场中华人民共和国成立以来最大规模的撤离海外公民的行动拉开了序幕。国务院第一时间成立应急指挥部，启动了组织中国在利比亚人员撤离及有关安全保障工作应急机制，通过海、陆、空多种途径分批组织包括港澳台同胞在内的中国在利比亚人员撤离。

从2月23日至3月5日，短短11天中，中国政府从海、陆、空三路实施全方位大规模撤侨行动，一共撤出并且安全接回中国公民35860人。在此次撤离行动中，中国政府以其行动之迅速、规模之大、效率之高，赢得国际社会的广泛尊重和好评。在这场跨越亚、欧、非三大洲，涉及6个国家，空中穿越蒙古、俄罗斯、哈萨克斯坦、土耳其、马其顿、意大利等数个国家的国家救援行动中，中国民航以其高效、动作迅速的表现，又一次站在了中国政府应急救援行动的前列。

2月23日，民航在第一时间派出的国航包机经希腊飞抵动荡不安的利比亚首都的黎波里机场，克服种种困难接回首批自利比亚撤离的223名中国同胞，其中大多数是妇女和儿童。

2月26日，民航局召开紧急会议，部署大规模运输任务，决定从2月28日开始，每天派出15架飞机飞赴希腊克里特岛、马耳他、突尼斯杰尔巴和埃及，接运撤离利比亚的我国公民。

从3月1日起，民航局决定将每日接我同胞回国的飞机由15架增至20架，分别飞赴地中海四国接回我国撤离公民，每天接回我同胞超过6000人。高峰时期，在中国与地中海这几个国家上空，每天往返穿梭飞行的中国民航飞机达到40架次。

3月5日15时21分，印有祥云图案的国航CCA060B航班载着272名同胞从希腊克里特岛顺利飞抵北京首都国际机场。同日，从利比亚撤离的最后一批中国公民安全回到了祖国的怀抱。

从2月23日到3月5日，在这次规模空前的紧急海外大撤离中，中国民航派出了国航28班、东航26班、南航22班、海航15班一共91班包机，飞赴利比亚、希腊、突尼斯、马耳他、埃及、阿联酋6个国家，共接回中国公民26240人，占这次利比亚撤离总人数的73%以上。可以说，大部分在利比亚的中国公民是坐着中国民航的航班回到祖国的。至此，中国民航圆满地完成新中国成立以来最大规模的海外紧急航空运输任务。这次由中国政府领导实施的包括民航在内的海陆空立体式海外大营救行动，必将被历史所铭记。

（资料来源：摘编自《中国民航报》2011年3月11日，第1版。）

这并不是个例，在巴基斯坦骚乱紧急救援、泰国骚乱紧急撤侨、日本大地震紧急撤侨、海地地震紧急救援、智利地震撤侨、埃及紧急撤侨、新西兰地震紧急撤侨、加勒比海四国紧急撤侨等一系列的境外撤侨、运送维和官兵和援非抗疫医疗队等重大保障任务中，中国政府所展现的以人为本的强大施政能力引起了世人的广泛关注，而中国民航始终是其中最坚实的力量。无数次急难险重任务面前，中国民航人责无旁贷、挺身而出，抢在最前沿、站在第一线，顶得上、赢得下，经受得住各种艰难困苦的考验。不论挑战多么艰巨，即使纵横万里，民航人也要捍卫祖国尊严，保障人民安全。据不完全统计，自 2000 年以来，中国开展了至少 21 次撤侨行动，共帮助6.1 万名同胞安全撤离危险地区。这种把困难留给自己、将责任扛在肩上的担当精神，是中国民航人的优良传统，蕴涵着中国民航人航空报国、民航强国、使命担当高于一切的精神信念。在实现新时代中华民族伟大复兴的民航强国梦的伟大征程中，在紧要关头挺身而出，在困难面前永不低头、团结协作的行业品格和职业认知弥足珍贵，是我们宝贵的精神财富，应当在全行业大力弘扬和践行。

3. 重大活动保障：冲锋在前，齐心协力，万无一失

近些年来，随着我国综合实力的不断增强，国际地位也在逐步提升，国际影响力越来越大，中国越来越靠近世界舞台的中心，在各类世界组织和国际事务中的话语权日益增强，承接的首脑峰会、高峰论坛、重大国际体育赛事和国际组织年会越来越多。成功圆满地做好此类重要国际活动的组织保障工作，当好东道主，事关我国的国际形象。其中，中国民航作为这些重要国际活动的安全保障和运输保障的主力军，自然就成为最先和最后经受考验的保障部门。在考验面前，民航人胸怀全局、勇于担当，把安全第一和真诚服务作为一致追求，精心组织、团结协作，以大民航的高效运行和团结协作交出了一份精彩答卷。在 2008 年那个美丽的夏季，当中国用一届圆满的奥运会实现了 7 年前向全世界人民做出的承诺时，民航人也圆满完成了 131 天火炬传递、84 天奥运实战保障、保障涉奥人员抵离 131639 人次、保障涉奥飞行 9278 架次的任务，实现了奥运航空运输保障和抵离服务"零投诉、零事故、零事件"。中国民航人勇担大任，精心准备、精密部署、精准实施，通过了组织考验，向党和人民交出了令人满意的优秀成绩。

2008 年奥运保障昭示了中国民航人在重大运输任务中永不退缩、忠诚履责、恪尽职守、勇担重任的政治品格，这仅仅只是个开始。民航人还陆续圆满完成了包括 2010 年的上海世博会和广州亚运会，

2011 年的深圳大运会和西安世园会，2015 年的上海合作组织政府首脑郑州会议，2016 年的 G20 杭州峰会，2017 年的"一带一路"国际合作北京高峰论坛，2017 年的厦门金砖峰会，以及博鳌论坛等在内的一系列重大航空运输保障任务。中国民航把"绝对安全"和"真情服务"作为不可推卸的责任，扛在肩上、放在心里，付诸行动，带着真诚温暖的笑容，迎接五湖四海的来宾，成为中国向全世界展现的一张美丽名片。

在保障安全的同时，民航人将真情服务落实到每个细节。从 APEC 会议到 G20 峰会，首都机场贵宾公司凭借对细节一丝不苟的专业服务，赢得了各方赞许。其制定的《礼仪服务标准》，连一支笔和一杯水的摆放，都做了详细规定。2017 年 5 月 14 日，"一带一路"国际合作高峰论坛的第一天，礼仪队的队员们 3 时到岗做各项准备，6 时开始迎接参会贵宾的到来，全天站立超过 10 个小时，微笑服务、专业引导，共保障论坛重要会议 20 场。为保障"一带一路"高峰论坛顺利召开，首都机场安保公司坚持在"安全第一"的基础上，充分发挥"安检快速通道""女性旅客专用通道""无障碍通道"等功能性通道优势，提高运行效率；运用"L"形手势法、环绕检查法等特色亮点服务，规范全员服务礼仪；启动机关志愿者支援一线机制，协助做好安检现场的旅客疏导工作，提升各国外宾在首都机场的服务体验。

保障安全、真情服务是中国民航在重大活动中的庄严承诺，也是中国民航长期以来肩负的责任。全体民航人上下一心、团结协作，实现"零失误、零事故、零投诉"的保障目标，圆满完成重大活动的各项安全保障和服务工作，向世界展现中国的良好形象。

伴随中国国际影响力的进一步增强，今后这类重要国际会议、国际赛事、国内重大会议和重大活动还会逐步增多，中国民航面临的重大运输保障任务将会有增无减。然而，中国民航承接国家重大运输保障任务的历史与经验已经充分证明：中国民航人的忠诚担当的政治品格展示了中国民航是一支绝对让国家和人民信得过、顶得上、过得硬的钢铁队伍，中国民航一定行！

故事3

民航圆满完成 G20 峰会保障任务

日前，民航圆满完成了 G20 峰会保障任务，确保了"飞行安全、空防安全、机场安全、网络安全、综合安全"五个安全；民航人忠诚履责、恪尽职守、勇担重任、众志成城，为 G20 峰会营造了一个持续安全和"放心、舒心、安心"的民航运营环境。

峰会期间，杭州机场共保障专包机 92 批次，航班 4301 架次，旅客吞吐量 575938 人次，安全运输工作实现了 7 个"零"，即民航涉恐涉暴案件"零发生"、警卫任务"零差错"、空管保障"零疏漏"、非法干扰及重大案件"零发案"、安检查控"零疏漏"、民航安全生产"零事故"、保障服务"零投诉"。

G20 峰会开幕前，按照民航局 G20 峰会保障"全国一盘棋、华东一盘棋、浙江一盘棋"的要求，民航建立了从安保到运输、从空中到地面、从外部到内部、从客运到货运"统一领导、全员参与"的民航安全防范体系，制定了涵盖民航社会面管控、空中安保、反劫反恐、网络安全、空管保障和运输保障等的安保总体方案。同时，细化服务保障流程，密切协同配合，进一步完善保障方案和应急突发事件处置程序，统筹抓好运输保障与安全生产工作，全力提升民航安全与服务水平。

G20 峰会保障实战阶段，民航局加强了环浙航空运输安保圈、空中安保和货运安保、备降机场的安全保障工作，在全国各大机场候机楼启动了防爆检查，做好应对各种风险的充分准备，确保了 G20 峰会民航保障工作认真到位、峰会民航警卫保障工作万无一失、航班运行安全顺畅，构筑了牢固的民航安全屏障，向党和人民交上了一份满意的答卷。

（资料来源：摘编自《中国民航报》2016 年 9 月 14 日，第 1 版。）

二 忠诚担当是民航飞行安全的切实保障

安全生产事关人民福祉，事关经济社会发展大局，是社会文明进步的标志，也是民航运输的永恒主题。民航运输安全是一个复杂的系统性工程，空中高速飞行的航空器所蕴含的风险一定程度上要高于其他载人交通工具。民航运输生产的高风险性决定了安全是民航赖以生存和发展的重要基础，坚持飞行安全是民航各项工作的前提和基础。其中，坚持飞行安全底线，就是要确保围绕飞行活动而开展的一切安全工作万无一失，其中民用航空器运行安全是核心，地面运行安全和空防安全是保障。

中国民航历来重视安全生产运营，自新中国民航成立以来，全行业牢记和践行"安全第一"的方针，始终把安全作为民航各项工作的前提，兢兢业业，戒骄戒躁。在长期实践中逐步形成了中国民航人对安全的敬畏和执著追求。回顾新中国民航六十多年的发展历程，民航人始终表现出对祖国和人民生命财产强烈的爱护和尊重，对行业和事业的敬重与热爱，坚守着那一份重于泰山、义不容辞的社会责任和职业操守。正是这种长期形成的以安全为己任的优良传统和底线思维，促进了以忠诚担当为核心的民航行业核心价值观的形成与发展。中国民航的安全管理工作从新中国成立之初的摸索管理阶段，到经验管理阶段和规章管理阶段，再到现在的系统管理阶段，安全监管人员的责任意识和监管技能不断提升，安全管理法律法规体系不断完善，从业人员安全理念和安全意识不断提升……这为民航行业发展实现持续安全夯实了基础。

1. 民航安全监管队伍建设和安全监管能力不断提升

"奉法者强则国强，奉法者弱则国弱。"民航安全监管队伍是民航领域的"奉法者"，监管人员的思想觉悟、责任意识、工作作风、业务水平直接关系着民航行政机关实施安全监管工作的效能，关系着民航行政机关的形象和威信，关系着人民群众生命财产安全。"情为民所系，利为民所谋，权为民所用"，作为新一代党和政府领导集体的心声，是立足于新时代中国社会现实并指向未来的治国感悟，也是民航安全监管队伍贯彻落实全心全意为人民服务的宗旨和执政为民理念的指导思想。民航安全监管涉及面既广且深，航空安全、飞行标准、适航审定、机场管理、空中交通管制等各监管领域既相对独立又相互影响。各地安全监管人员在监管手段、后勤保障、生活待遇等方面存在若干困难和问题的状况下，依然展示出民航安监队伍政治合格、业务精湛、纪律严明、作风过硬的职业风采。

2. 民航在维护旅客的生命和财产安全中挺身而出

防止劫持、破坏航空器以及制止任何人在航空器内从事或准备从事其他违法犯罪行为，也是中国民航确保飞行安全的一项重要工作。20 世纪 90 年代以来，针对劫机事件的出现，中国民航采取了一系列措施，最大限度地保证旅客的生命和财产安全。2012 年 6 月 29 日，天津航空公司 GS7554 航班机组执行新疆和田到乌鲁木齐飞行任务时，在空中遭遇 6 名歹徒的暴力劫机。当歹徒用原先伪装的器械砍杀旅客并试图冲击驾驶舱时，乘务长在头部受重创的情况下，仍在第一时间按下了应急通话铃，向驾驶舱发出警告提示，并按照机长的反劫机指令推出餐车，用餐车阻挡歹徒攻击驾驶舱。同时，两名机上安全员与歹徒展开了殊死搏斗，尽管身上有多处负伤，他们却未后退半步。最后，机组人员在乘客协助下成功制服歹徒，驾驶飞机安全返航。在这次反劫机斗争中，9 名机组人员沉着冷静，果断应对，特别是 2 名安全员和乘务长临危不惧、恪尽职守，与歹徒进行英勇斗争；飞行组沉着、冷静、果敢，保持飞机的安全状态；机组的其他同志积极配合，紧密协作，共同拼搏，体现了良好的专业素质，在整个处置过程中发挥了整体的合力作用，保障了国家安全和人民群众生命财产安全，避免了一起劫机乃至机毁人亡的重大事件发生。

故事 4

惊心动魄的 17 分钟
—— 民航成功处置 "6·29" 劫机事件纪实

6 月 29 日，新疆和田，多云。从乌鲁木齐飞到和田的天津航空

B3171 号飞机，执行的是一天中乌鲁木齐与和田之间 5 个航班中的第 2 个。这架 E190 客机的 6 个头等舱全满，92 个座位的经济舱也售出了 85 个座位。

在从乌鲁木齐出发前，机长邹劲松在带领全体机组人员做完飞行前准备后，笑着对安全员杜岳峰和徐洋说："小伙子们，今天要把目光放机灵点，马上就是'七一'，既是党的生日，又是香港回归 15 周年纪念日，咱们可不能出丝毫差错。"

负责对 GS7554 航班登机旅客进行监控的杜岳峰除了看见该航班上有一名挂着双拐的旅客外，没有发现什么异常。"在起飞的那一刻，我想这次飞行会与我担任安全员 1 年以来的所有飞行一样平安顺利。"12 时 30 分，飞机还没有进入平飞状态，乘务长郭佳突然发现有 3 名坐在经济舱前部的旅客正离开自己的座位朝头等舱方向跑来。第一名旅客行动时，她还想提示暂时不可以使用卫生间，随即，她看到了后起身的两名旅客手里都拿着钢管。"你们要干吗?!"她喊道，脑子里闪过"出事了"的念头。

坐在经济舱前部的安全员杜岳峰，听到急促的脚步声、叫喊声，下意识地准备起身研判情况。但是歹徒的钢管直接敲中了他的头部，致使其短暂失去意识。这时，在歹徒和驾驶舱中间的机组力量就只剩下郭佳一人。尽管独自面对 3 名手拿钢管的歹徒，内心不免害怕，但郭佳还是坚持守在驾驶舱门口，并想着怎样把信息传递给机组。穷凶极恶的歹徒一边盯住郭佳，一边尝试用各种办法打开驾驶舱舱门，郭佳毅然扑了上去，她的头部、手臂被钢管重重打伤。

头等舱的旅客这时才明白自己所处的状况。他们迅速行动起来，加入与歹徒殊死搏斗的行列中。

"12 时 32 分，在飞行高度达到 5700 米，即将平飞时，我突然感到飞机状态不稳，客舱里传来尖叫声和急促的奔跑声，还有嘈杂的打斗声。几乎在同一时间，我从驾驶舱监视器发现，在原本平静的头等舱区域，几个人正扭打在一起。我立即意识到发生了紧急情况。"机长邹劲松说凭借长期的应急训练和多年的飞行经验，机长邹劲松马上做出返航的决策，并对驾驶舱里的 3 个人进行了简要分工：他自己负责驾驶飞机；副驾驶杨海涛负责通信联络，立即向乌鲁木齐区调及和田塔台报告遭遇劫机，申请紧急返航，并要求机场做好反劫机预案的准备工作；观察员陈开元则盯着监视器，监控客舱情况，随时保卫驾驶舱安全。

客舱里的紧急状况在此时变得尤其严峻。头等舱的几名旅客和郭佳一起，与3名歹徒处于对峙的状态，但旅客们和郭佳都已多处受伤，头部、身体多处见血；而客舱中部突然又有2名歹徒准备前往头等舱支援。紧要关头，GS7554航班的机组人员冲了上去，苏醒过来的杜岳峰和另一位安全员徐洋冲在最前面，而几位女乘务员则通过客舱紧急广播，呼吁身强力壮的旅客站出来，协助安全员一起制服歹徒。

12时40分，邹劲松接到郭佳报告，得知劫机分子已经全部被制服。于是，机组一方面告知旅客即将返航，另一方面改自动驾驶为人工操作，以最快速度安全降落。

这是一次受到最多关注，又用最短时间结束的劫机事件。依托中国民航反劫机的一套成熟机制与常态化训练技术，GS7554航班机组与犯罪嫌疑人勇敢拼杀、机智周旋，有效地确保了飞行安全、配载安全以及最为重要的旅客生命财产安全。在民航地面保障单位的配合下，飞机迅速返航，从劫机发生到飞机落地仅用时17分钟。这是一场突然遭袭后又取得胜利的自卫反击战，历史会铭记这一天这些人的故事。

（资料来源：摘编自《中国民航报》2012年7月11日，第1版。）

安全是民航的基石。高度的敬业精神和责任担当是一名合格民航从业人员的必备素质。经历千锤百炼，职业赋予了他们巨大的责任感，他们清醒地认识到安全的重要性，明白责任的意义，并将这种责任的意义根植于心，外化于行，融入日常训练和工作中。民航人既要树立坚定的理想信念，又要储备丰富的业务知识，还要掌握应对各种突发事件的技能。深航成功处置"7·26"机上纵火事件，机组中的乘务员董雪琼喊出的一句"相信我们"，喊出了深航人训练有素的自信和民航人在危急关头敢于担当的时代强音，给当时惊魂未定的旅客吃了一颗定心丸。当班机长蔡小戈说："保护人机安全就是我的本职工作，这次处置，我只是将多年来储备的知识学以致用而已。机长肩章上的第四条杠代表的是责任，我必须在每次的飞行中牢记自己的职责，不愧对我肩上的四道杠。"

一位位像天津航空 GS7554 机组、深圳航空 ZH9648 机组的民航人在关键时刻挺身而出，舍生忘死，履行对旅客安全出行的庄严承诺，展示了大无畏的革命英雄主义和勇于担当的精神，谱写了一曲曲荡气回肠的时代赞歌。

第三节　忠诚担当——民航人一直在路上

思想政治建设是统一思想、凝聚力量、坚持正确政治方向的重要保证，是做好民航事业的"前哨"。以社会主义核心价值观引领思想政治建设是新形势下民航坚守思想阵地的现实需要。在民航行业核心价值体系建设中，行业精神是精髓，是思想统领，它解决的是精神动力和精神风貌的问题，是不可或缺的核心价值要素。忠诚担当的政治品格是社会主义核心价值观在民航行业的生动实践和现实体现，是中国民航核心价值体系的方向引领，也是习近平总书记提出的"坚持绝对忠诚的政治品格、坚持高度自觉的大局意识、坚持极端负责的工作作风、坚持无怨无悔的奉献精神、坚持廉洁自律的道德操守"这"五个坚持"的要求，是做好新形势下民航工作的基本原则。

中国民航自成立时就肩负着为党分忧、为国增光、为民解难的行业使命，这是全体民航人一直遵循的前进方向。六十多年来，一代代民航人的艰苦奋斗、无私奉献源自其报效祖国、服务人民的使命担当。秉持"发展为了人民"的理念，把国家和人民的利益始终放在首位，是民航人义不容辞的责任。这股力量，实际上就是对党忠诚、为国担当的责任感和使命感。可以说，忠诚担当的政治品格作为民航从业人员的首要必备素质，清晰地回答了民航从业人员应该为谁服务和如何服务的根本问题。只有这样，中国民航的建设、改革和发展才能找准航向，也才能有自己的精神家园和价值依归，不至于在前行中迷失方向。

一 敢担当，在政治上做"坚定者"

讲忠诚，首先要敢担当。不敢担当、怕事躲事，就会辜负党和人民的期望，背弃人民利益，忠诚无从谈起。有没有担当，体现出一个单位或者个人的胸怀、气度和格局，决定着其职责的履行、作用的发挥、贡献的大小。古人尚且懂得"禄厚恩深何以报，惟当努力罄忠诚""为官者，公罪不可无，私罪不可有"。民航工作直接关系党和国家的形象，直接关系到人民财产的安全，直接关系改革开放和经济建设的大局，这就决定了我们全体民航人必须有清醒的政治头脑，树立和增强政治意识，坚定正确的政治方向；树立和增强大局意识，树立正确的大局观；树立和增强核心意识，巩固党的领导核心地位；树立和增强看齐意识，保持一致标准。只有增强这四个意识，做政治上的"坚定者""明白人"，才能更好地从思想政治上把握和处理民航的工作和问题，这是培养民航忠诚担当精神的首要途径。近几年中国民航提出"一二三三四"（践行一个理念、推动两翼齐飞、坚守三条底线、完善三张网络、补齐四个短板）的总体工作思路，狠抓航班正常工作，就是为了贯彻"人民航空为人民"的宗旨，坚守全心全意为人民服务的政治立场。

如何才能在政治上做"坚定者"？这就要求我们不忘初心，牢记使命，树立坚定的理想信念。面对矛盾敢于迎难而上，面对挑战敢于挺身而出，面对失误敢于承担责任。党的十九大报告提出，中国共产党人的初心和使命是"为中国人民谋幸福，为中华民族谋复兴"。民航人的初心和使命是本和源的关系。中国民航人在新机场的校验飞行、反劫炸机处置、反暴恐运输、重大运输保障、灾区搜寻救援等急难险重任务面前，秉持其航空救国、民航强国和"发展为了人民"的初心，无数次被检验并经受住考验，挺身而出、义不容辞冲在最前面，圆满完成任务，充分展现了中国民航人忠诚担当的政治品格，也是中国民航人"不忘初心，牢记使命"的表现。

2016年1月永暑礁机场校验飞行过程中，民航校飞中心、南方航空集团等8家民航参与单位、140余人主动请缨、挺身而出，服从大局、不辱使命，以最佳的状态、最高的水平投入工作。在执行任务过程中，许多同志谈到，总感觉有一种无形的力量，在督促和激励着我们完成好这次任务。这股力量，实际上就是对党忠诚、为国担当的责任感、使命感。校验飞行机长严守保密纪律，从未向家人讲明任务实情，以防不测，将对亲人的告白以书信的方式留在办公室内，做好了以生命诠释民航人忠诚担当的准备。

故事5

空管榜样
——中国青年五四奖章获得者：民航空管管制员石岩松

一个北方汉子来到海南三亚，13年间，从中国民用航空三亚空中交通管理站一名普通工作人员，成长为管制运行部进近管制室主任，突破重重难关，一次次成功完成各项任务。他就是石岩松，一个出生于1981年的蒙古族小伙子。

石岩松还记得，自己刚参加工作那年，三亚凤凰机场一年的航班量仅两万架次，而后每年以超过20%的速度增长。三亚空域有限，环境复杂，保障难度大。面对高峰期每3分钟1个起降航班的压力，他深知必须练就全神贯注、安全精确地指挥飞行的本领。

自2005年起，石岩松参与了三亚地区所有重要飞行保障，一年一度的博鳌亚洲论坛年会、奥运圣火首传内地专机保障、"最美国事活动"任务、"2013C使命行动"联合作战演习……一场保障如同一场战役，石岩松就这样在一次次"实战"中一路成长。

13年里，石岩松与管制团队一起指挥飞行86万多架次，每年平均保障飞行6万多架次。他处置特情航班12次，参与重要保障十余次。在繁重的任务中，他把民航工匠精神融入工作的每个环节、每次任务的执行，实现了"零差错、零事故、零投诉"。

2015 年，为配合国家南海战略的实施，民航成立了一支突击队。作为突击队成员之一，石岩松 2016 年 4 次接受任务，赴南沙永暑礁、美济礁、渚碧礁，完成 3 个新机场的校飞、试飞空管保障任务，累计 75 天。岛礁飞行指挥，没有经验可借鉴，对民航保障来说充满未知和挑战，但也是一次检验国家民航技术水平的重大事件。作为事关国家主权的空管保障，如何定位？怎样保障？这些问都需要一一解决。石岩松铆足了劲，每天与保障组的同事研讨到深夜。前往永暑礁，海上航行时间长、航程远。在摇摇晃晃的大船上，石岩松经历了人生最煎熬的 48 小时，船体内部的高温和海上的浪涌，让他一路眩晕呕吐。但踏上岛礁后，他只稍稍休息，便投入紧张的工作——道面考察、设备安装、通信测试、模拟演练……校飞、试飞期间，外国军舰、侦察机不断骚扰，随时可能擦枪走火。石岩松与机组直接对接，制定了一系列预案，多次对指挥程序进行演练，甚至精确到每一句指挥用语，确保一切符合民航规范，以防外国势力干扰。

石岩松先后被授予"突出贡献个人"、空管系统优秀管制员、优秀班组长等称号，2017 年他被评为空管系统第一届"空管榜样"，同年作为民航优秀青年的唯一代表和空管系统有史以来的唯一代表获得第二十一届"中国青年五四奖章"。"中国青年五四奖章"荣誉高、分量重。这枚奖章既体现了民航局党组对民航青年的关心、厚爱，又体现了弘扬当代民航精神取得的成效；既是石岩松同志不忘初心、砥砺前行的结果，更是南海岛礁校飞、试飞团队和整个民航队伍忠诚担当、严谨科学、团结协作、敬业奉献精神得到人民群众认可的结果。

（资料来源：摘编自《中国青年报》2017 年 6 月 5 日，第 1 版。）

除了听从召唤、服从命令，把国家和人民的利益始终放在首位，民航人忠诚担当的政治品格还体现在充分履行自己的社会职责上。

作为我国唯一载旗航空公司，国航始终将"践行责任"作为价值取向和理想追求，深化精准扶贫，积极推进产业扶贫工作。截至 2016 年底，国航对定点扶贫地区——广西昭平县和内蒙古苏尼特右旗累计投入扶贫资金 1193.5 万元，用以援建昭平镇练滩小学 2 号教学楼工程、苏尼特右旗肉牛集中育肥示范基地等重点项目。国航定期采购扶贫点优质特色农产品，用于候机楼休息室和机上供应，做到"输血"与"造血"并重。国航还特别重视和关心下一代的成长与教育，2016年将航班上爱心旅客捐献的共计42万多元善款交予中国少年儿童基金会，以救助贫困地区少年儿童。

"东航坚持将社会责任工作作为深化国有企业改革、加强综合价值创造的重要举措，坚持贡献社会价值，向社会传播正能量。"东航股份公司党委书记李养民这样表示。在2014年抗击埃博拉疫情的国际行动中，东航共执飞13架次航班，运送医疗专家1168人次、紧急人道救援物资246吨，彰显了中国民航人的责任担当。近年来，东航对定点扶贫的云南省临沧地区双江县、沧源县累计投入各类资源折合人民币约2000万元。关爱与责任同样重要。南航除深入新疆加依托格拉克村、湖北富冲村等地开展定点扶贫工作外，还开展"筑梦书屋"、"十分"关爱助学等慈善公益和志愿者活动，2016年全年捐赠1126万元。2017年6月3日，南航联合多方力量，共同实施"天地童行"创新公益项目，关爱留守儿童。同时，南航也将关爱的目光投向器官转运绿色通道。2017年5月24日，南航向社会公开了本公司有关人体捐献器官转运绿色通道保障的24小时应急值班电话及现场柜台办理、转运保障机制，开通了中国民航首条人体捐献器官转运绿色通道。2016年10月19日，北京时间13时45分，南航CZ600航班从纽约起飞飞往广州。起飞后不久，机上一名女性旅客突然感到身体不适。根据对该旅客病情的综合判断，机组立刻启动紧急程序，在空中完成58吨航空燃油抛洒作业后，航班于当天17时28分备降在加拿大蒙特利尔机场。

故事6

南航空中抛油58吨确保旅客生命安全

10月19日，南航CZ600航班从纽约起飞半小时后，机上一名女性旅客突然感到身体不适，向机组求助。航班主任乘务长段前云在为病人提供机上常备的药品之后，将情况报告给了当班责任机长高光。考虑到如果继续往前飞，将是茫茫的北冰洋区域，尽管病人的情况已暂时稳定，一旦再有恶化倾向，后果将不堪设想。高光思考 10 秒后决定：果断备降，向总部汇报并申请地面支持。机组随后选择折返至保障设施和医疗条件较好的蒙特利尔备降。

执飞本次航班的飞机是南航飞行距离最长的波音 777-300ER，该机型的最大着陆重量超过 251 吨，而近九成的上座率使得飞机起飞前加注了超过 135 吨燃油。当机长选择备降时，机上仍有 100 多吨的燃油。"这个重量明显超过了飞机起落架和机身结构所允许的重量限制。如果我们直接进行着陆，会对飞机的结构造成严重的损伤，甚至造成更严重的后果。根据运行要求，我们必须把飞机上的燃油在空中释放掉，把机身重量减少到符合着陆重量要求后，才能实施降落。"高光事后说。

在飞机折返蒙特利尔方向后，机组开启了机上的抛油活门。近一个小时的抛洒过程，使 58 吨燃油从飞机上被释放掉，抛洒了相当于一架波音 737 飞机整机重量的燃油。

当天 17 时 28 分，飞机在蒙特利尔机场顺利着陆。蒙特利尔机场专业的升降平台车已准备好且医生也等候在机坪上。舱门打开后，医生进入客舱，迅速将病人用担架抬下了飞机，并立刻在廊桥口进行紧急救治。

（资料来源：摘编自《中国民航报》2016 年 10 月 24 日，第 1 版。）

远程航线备降，经济损失并不小。据南航统计，南航航班一年发生因机上旅客突发疾病而返航、备降的事件近 100 起，平均每 4 天就有一架为抢救旅客而返航、备降的航班。此次备降，意味着南航燃油费、起降费等各种间接直接损失可能超过 100 万元。南航 CZ600 航班机长高光说："在旅客的生命面前，这些都不算什么。"这简短朴实的话语充分彰显了南航"以人为本，生命至上"的社会责任和承诺。

将公益慈善视为企业的重要担当，海航集团也从未懈怠。创业 24 年来，海航集团已累计向公益慈善事业投入资金超过 100 亿元，关注领域涵盖医疗、教育、扶贫、环保等。自 2003 年以来，海航在贫困缺水地区共打了 91 口"至善井"，造福 22 万余人。海航实施的"光明行"项目 13 年来足迹遍及国内外贫困地区，从青海囊谦和四川理塘，到非洲津巴布韦和莫桑比克等地，为 6500 名中外贫困白内障患者免费治疗，使他们重见了光明。

一个个鲜活的案例反映了中国民航人永远忠于党、忠于国家和忠于人民，不负祖国和人民重托，敢于直面任何艰难困苦，问题面前不躲闪、挑战面前不畏惧、困难面前不退缩，关键时刻和危急关头豁得出去、顶得上去，能够担当任何急难险重任务，是一支值得信任的、作风优良的战斗队伍。

二　有作为，在工作上做"实干者"

讲忠诚，其次要有作为。无论是单位还是个人，对国家、对人民、对事业是否绝对忠诚，一到关键时刻就泾渭分明，看得真真切切、清清楚楚。适应新常态、构筑新优势、创造新业绩，忠诚担当尤为可贵。要注重实践、注重实干、注重实效，决不能打着新常态的幌子，不谋事作为、不拍板决策、不踏实苦干。在实现新时代中国特色社会主义伟大复兴的民航强国梦的征途中，做工作中的实干者，就要敢于担当负责、敢于较真碰硬，负重拼搏、奋发有为，这是新常态下衡量一个单位和（或）个人对国家、对人民、对事业是否忠诚的标尺。

《论语》有云："因民之利而利之。"在全力以赴建设民航强国的进程中，民航各企事业单位牢记"发展为了人民"的理念，将社会责任融入自身发展实践中，在追求经济效益的同时，不忘实现社会效益，始终拼搏奉献，为党分忧、为民解困。哪里有需要，哪里就有中国民航的身影，祖国和人民的需要就是民航建设发展和机队飞行的方向。今天，在全国已有 100 多个机场为军人开通"依法优先"通道；在候机楼为婴儿和妈妈们设置的母婴室成为每家机场的"标配"；免费为残疾人提供登离机轮椅和机上专用窄型轮椅等，这些都是民航人践行社会责任，展现当代企业人文情怀的缩影。"只有将真情服务作为一项民生工程来做，努力用真情打造民航服务品牌，才能真正扛起中国交通运输业的服务标杆这面旗帜，才能真正让人民群众更加安心、放心、舒心地出行。"民航局局长冯正霖如是说。

作为航油供应的"国家队"，中国航油始终服务于国家经济社会和民航业发展，全面提升服务质量和服务水平，全力保障国家航油供应安全，郑重兑现"飞机飞到哪里，中国航油就加到哪里"的服务承诺，为保障民航运输业的发展以及便利公众出行做出了重要贡献。2012年，中国航油多举并施增强资源保障能力，完善供应体系，圆满完成了党的十八大、"亚欧博览会"等关键时期的运输保障任务，尤其是在长江特大洪水期间创造性地成功破解了高洪水位的卸油难题，有效解决了西南地区航油供应的燃眉之急，确保西南地区民航业的发展。特别值得一提的是，中国航油在助力区域协调发展方面的做法，凸显了一家中央企业应有的责任和担当。考虑到西部老少边穷地区，尤其是高原地区对于我国民航可持续发展以及地方经济社会的重要作用，虽然在这些地区的支线机场航油市场上连年亏损，但中国航油仍始终把保障支线机场供油作为支持地方经济发展的关键。克服航油资源运输距离远、运输和运营成本高等困难，加大协调力度，提高保障能力，承担了国内所有亏损支线机场的供油业务，为欠发达地区的经济繁荣和稳定做出了贡献。

故事7

履行责任：富民兴藏尽全力

——中国航油支持西藏民航发展十年记

21世纪的前10年对西藏来说注定是不平凡的10年。2006年7月1日，有"天路"之称的青藏铁路建成通车。2007年9月，中国航空油料集团有限公司（以下简称"中国航油"）党委毅然接过重担，成立中国航油西藏公司，结束了原油料公司无航煤经营资质、无专业人员资质开展航油保障工作的历史，消除了采用混输管线进行油料配送而产生的油品质量风险。"竭诚服务全球民航客户，保障国家航油供应安全"成为中国航油西藏公司的光荣使命，10年来该公司稳稳托起了西藏空中生命线，将央企的政治使命和社会责任带到了120万平方公里高原上。

10年来，中国航油发挥"全国一盘棋"的体制优势，动员全国各成员企业、地区公司的力量，为促进西藏民航跨越式发展、促进西藏地区经济社会进步付出了艰苦卓绝的努力。2012 年 6 月，为进一步促进航空公司执飞西藏航线的意愿，推动西藏民航业的发展，国家发改委、民航局、铁路局、中国航油联合签署《关于印发西藏航空煤油销售价格协调会议纪要》，中国航油在西藏地区的销售价格每吨下调3000 元。价格下调后，本已经亏损运营的中国航油西藏公司亏损额度大幅增加。为了维持西藏公司的正常经营，不影响西藏民航发展，中国航油坚持向西藏公司提供借款以维持经营，目前已累计借款 1.43亿元。中国航油这种"舍小家，顾大家"的大局意识充分展示了其作为央企法人的责任担当。

中国航油的付出换来了西藏民航事业的大发展：2007 年，执飞西藏的航空公司仅有 7 家，涉藏航线仅 27 条，全年西藏民航旅客吞吐量仅有 131 万人次；2017 年底，执飞西藏的航空公司有 9 家，涉藏航线达 73 条，全年旅客吞吐量突破 400 万人次。

2009 年 9 月，在收到阿里机场第一次校飞供油保障的请求后，中国航油党委立即做出了"不计代价、不惜成本"全力完成保障任务的决定。这一决定也成为西藏公司此后进行各类保障工作的指导原则。当时，拉萨至阿里的路况极差，有一大半路程为土路甚至没有道路可行，需要穿越多个无人区，途中大部分路段无法进行补给。阿里地区平均海拔在 4000 米以上，缺氧、颠簸、时间紧迫、休息不足都是必须克服的困难。时任中国航油西藏公司党委书记的毕佑亲自带队、驾车，先后 6 次历时 11 个月，来回奔波 2.6 万公里，圆满完成了阿里机场历次校飞供油保障、试飞保障、设备设施计量检定和首航供油保障工作。也正是在这次重要保障工作中，毕佑积劳成疾。工作结束后仅 1 个多月，其突发脑梗去世，为了航油事业献出年仅 45 岁的生命。

中国航油西藏公司关键时刻全员在岗。在 2011 年西藏和平解放60 周年大庆保障、2015 年尼泊尔地震抗震救灾保障、2015 年西藏自治区政府成立 50 周年保障、2017 年林芝地震抗震救灾保障以及各项特殊保障工作中，中国航油不辱使命，屡立战功，多次获得西藏自治区政府和中国民用航空局的表彰。

为了使中国航油西藏公司这支队伍更为团结和谐，不断增强战斗力，中国航油不断加大对"航油铁军"的建设力度。10 年来，西藏公司人员总数量已从最初的 16 人增加到目前的 67 人，其中党员 20 人，藏族员工 13 人。中国航油西藏公司之所以能够不断攻坚克难完成任务，斩获各类荣誉，正是因为有了这支"有责任、有定力、有纪律、有担当、有作为"的高素质员工队伍。

（资料来源：摘编自《中国民航报》2018 年 1 月 4 日，第 1 版。）

中航油援藏的事迹仅仅是民航保障单位围绕和服从党和国家工作的大局，脚踏实地地履行社会责任的一个工作缩影。2017 年 12 月 26 日，中国东方航空集团公司（以下简称"东航集团"）与中国航空器材集团有限公司（以下简称"中国航材"）在天津举行东方通用航空有限责任公司（以下简称"东方通航"）战略重组交接仪式。在国资委、国务院派驻国有重点大型企业监事会、中国民用航空局、天津市政府等有关各方的共同见证下，东航集团正式将东方通航无偿划转给中国航材，两家民航领域的中央企业共同开启东方通航的发展新征程，推动国有企业做强做优做大，推动我国通航事业长期可持续发展。东航集团和中国航材此次联手，是深入学习贯彻习近平新时代中国特色社会主义思想和党的十九大精神的生动实践；是推动供给侧结构性改革，积极响应国务院大力发展我国通用航空产业号召，促进我国航空事业"两翼齐飞"的重大决策；是全面深化国有企业改革，在做强做优做大中履行央企责任，优化资源配置、推进专业化整合，实现适量变革、效率变革、动力变革的重大举措。东方通航重组是两家民航央企本着共同的信念、共同的责任、共同的目标，持续推动资源共享，释放优势潜力，汇聚强大合力，增强协同效应，更好地服务社会、服务公众，共同推动国家整体通航事业的发展、规范市场秩序、实现规模效益的大手笔，堪称业界重磅新闻，是中国民航履行社会责任始终顾全大局、冲锋在前、勇于担当的又一典范。

三　守规矩，在作风上做"守纪者"

讲忠诚，更要守规矩。"不以规矩，无以成方圆。"对国家、对人民、对事业忠诚，在敢担当，有作为的同时，还要时刻心存敬畏、手握戒尺、行有所止，做到清醒、坚定，表里如一、襟怀坦白，决不能左右摇摆、阳奉阴违。既要有作为、善决策，又要讲程序、守规矩。

民航业作为国民经济的基础性产业，是我国社会主义现代化建设的一个重要领域；建设一个在世界上最有竞争力和最强大的航空运输体系，是实现中华民族伟大复兴的一个重要标志。发展民航业，并实现建成世界民航强国的宏伟目标，最根本的是靠人，尤其是有文化内涵的人。我们说建设过硬队伍，最关键的是把干部队伍建设得更加过硬，把关键技术和业务岗位的员工队伍建设得更加过硬，使其思想、政治、业务素质，作风和能力与其承担的重大责任使命相适应。

2016年10月，习近平总书记就民航安全工作专门做出重要批示，强调"要坚持民航安全底线，对安全隐患零容忍"，这是党中央在新时期、新阶段对民航安全工作提出的更高标准、更高要求、更高信任。马凯副总理在民航局主持召开的航空安全工作座谈会上，提出了狠抓"六个到位"的要求。在实现新时期中华民族伟大复兴的中国梦和民航强国梦的征途中，我们全体民航人要认真贯彻落实好中央领导的重要指示批示精神，坚持不懈、毫不动摇地把包括航空安全在内的各项工作职责扛在肩上，这是民航干部职工对事业忠诚的现实考验。

"人不以规矩则废，业不以规矩则乱。"民航安全和队伍建设是管出来的，管理者和被管理者都要守规矩。管就要坚持原则，管就要不怕得罪人。针对当前存在的一些错误观念、不良风气的滋长，有时候管理者并不是没有看到，而是缺乏敢抓真管的决心。管理一定程度上是对人的管理。管人如果驭下不严、放任迁就、绕开矛盾、掩饰问题，最终就可能积小患为大祸。讲严格要严在"格"上。所谓"格"，就是法律法规和规章标准。民航管理方面的"格"并不少，关键要形成"严"的环境。现在实际工作中之所以仍然存在疏于管理的现象，主要是"人情关"难过，遇到问题讲感情、讲面子，不敢较真碰硬。有的奉行好人主义，特别是在行政审批和行政执法等关键环节上，忘记了"送人情就是送人命"的教训，很容易给飞行安全埋下严重隐患，对民航发展造成不良影响。有的则报喜不报忧，当本单位发生不安全问题时，首先考虑的是对个人的影响，不是严肃查处，而是在要不要上报、怎样上报、撇清责任方面挖空心思，这些都是管理工作的大忌。

建设一支过硬的队伍必须首先培养一种好作风，有什么样的作风，就有什么样的队伍，也就有什么样的工作效果。作风是一个人的世界观、人生观和价值观的具体反映。作为一个单位或部门，要坚决贯彻执行政治纪律，严守政治规矩，按照上级的部署要求开展工作，不搞特殊，没有例外。作为个人，要时刻自重自省、慎独慎微，"心不动于微利之诱，目不眩于五色之惑"，以身作则，管好自己，影响他人，树立忠诚、担当、干净的良好形象，在纪律上做"自重者"。在工作中自律、在生活中自律，就是上海航公司 54 岁空乘吴尔愉成为"劳模"的奥秘之一。

故事 8

吴尔愉：万米高空扛起优质服务大旗

1995 年，尔愉从一名"纺嫂"转变成为上海航空公司（以下简称"上航"）的一名"空嫂"，在客舱服务的岗位上兢兢业业，凭借不懈的努力，已经成为中国民航空中服务的典范人物之一。与吴尔愉相处过的同事、领导，被她带教过的"小吴尔愉"，听过她授课的学员，都被她内在的精神和责任感所深深打动。特别是她注重换位思考和引导性的"情景模拟"教学方法，更令人称赞。

她的秘笈究竟是什么？从 4 件小事中我们不难找出答案。

其一，吴尔愉飞行 20 年，她的家中没有一件不该从企业"带走"的物品，哪怕是一双拖鞋、一条小毛巾或是一罐饮料。凡是去过她家的同事和朋友，都对吴尔愉的自律表示钦佩。

其二，在上航有个"吴尔愉奖励基金"，用以奖励季度、年度各项工作的佼佼者。2000年，吴尔愉获得了全国劳模称号，得到7000元奖励，她随即捐给了上航，并由此设立了"吴尔愉奖励基金"。此后，每当吴尔愉获得荣誉，得到奖励，她都悉数捐出。

其三，一再谢绝高薪聘请的任教任职。她的"一再谢绝"，使邀请方的企业高管为她对企业的忠诚而感动。吴尔愉坦言，自己是劳模，也是企业的普通员工。企业为培养员工已付出了大量的人力、物力和财力。劳模更应该懂得珍惜和感恩，绝不能辜负企业的付出。

其四，吴尔愉今年54岁了，她的很多徒弟都告别蓝天走上了管理岗位，可她却始终坚持在一线飞行。以她的能力、资历和名声，足以谋个更好的职位。可是她不是天天忙着"劳模创新工作室"课题研究和服务产品创新，就是带队对外交流，或是带飞、带教她的"小吴尔愉"们，从上海虹桥机场到浦东机场，从地面到空中，她来回奔波忙碌着，并且还专门挑一些"减员"等条件艰苦的航班来飞。她说，这样一来可以掌握"小吴尔愉"们的工作状态；二来有责任将飞行中存在的各类问题及时向上级反映并加以改进、完善。

（资料来源：摘编自《中国民航报》2015年7月6日，第1~2版。）

安全监管是民航行业管理工作的重中之重，是民航政府职能的第一要责。民航安全监管队伍是实施监管工作的主力军，是确保民航安全的重要保障。对安全监管人员来讲，作风是其权力观、利益观和群众观的真实体现。加强民航安全监管队伍建设，当前特别需要提倡和培养三种作风：一是清正廉洁的作风。要拒腐防变，一尘不染，清清白白做人，干干净净做事。千万不能在各种诱惑面前丧失原则，务必依法行政、公平执政、廉洁从政。二是严谨细致的作风。严谨，就要敢唱黑脸，不怕得罪人，令行禁止，不讲价钱，不打马虎眼，力戒明哲保身、不敢碰硬、回避矛盾，严格执法，严明执纪。细致，就要一丝不苟，千万不能粗枝大叶，大而化之地对待工作。"天下大事必作于细"，安全工作事大如天，安全监管必须明察秋毫。三是雷厉风行的作风。发现问题就要抓，有了问题就要管，力戒疲疲沓沓，懒懒散散，推诿扯皮，拖泥带水。

小　结

忠诚担当的政治品格回答了民航从业人员应该为谁服务和如何服务的根本问题；作为民航从业人员的首要素质，它标定了中国民航的政治高度。在实现中华民族伟大复兴的中国梦和民航强国梦的进程中，中国民航全体人员要始终不渝地继续用这把标尺正身量体，这是大局，也是讲政治的体现。习近平总书记曾经将理想信念比喻为共产党人精神上的"钙"。他说，理想信念坚定，骨头就硬，没有理想信念，或理想信念不坚定，精神上就会"缺钙"，就会得"软骨病"，"就可能导致政治上变质、经济上贪婪、道德上堕落、生活上腐化"。民航是一个技术密集型和资金密集型行业，面对多元化思潮，尤须坚定政治立场，不忘初心，始终保持革命本色，始终坚持民航人的责任意识、忧患意识和大局意识。在实现新时代中华民族伟大复兴的中国梦和民航强国梦的征途中，忠诚担当的政治品格仍将是中国民航每一个民航人忠贞不渝的政治品格，中国民航人时刻准备着接受祖国和人民的检验。

第三章
严谨科学的专业精神

　　科学精神强则人才盛行业兴，科学精神弱则人才稀行业衰。一个健康可持续发展的事业需要科学精神的引领。民航是一个高科技和高风险并存的行业，安全与风险交织，发展与困难同在。航空运输是一项有计划、有组织的技术活动。以航空器为核心的民航业，技术保障体系繁多而庞杂，不仅有机场方面的场道、值机、安检等环节，还有航空公司的机务、地勤、签派等部门，也有空管的通信导航监视、气象、情报、管制等专业,等等，它们之间环环相扣、节节相连，共同致力于中国民航的飞行安全和航班正常运行。民航这种高精尖的行业特征决定了其需要系统、严谨、务实的科学精神给予支撑。

第一节　严谨科学——成就事业的必备素质

一　严谨科学的内涵

（一）科学与科学精神

什么是科学？早在 1888 年，达尔文就曾给科学下过一个定义："科学就是整理事实，从中发现规律，做出结论"。我国《辞海》对"科学"的释义是"运用范畴、定理、定律等思维形式反映现实世界各种现象的本质的规律的知识体系。"无论是英国的达尔文，还是我国的《辞海》，这些对"科学"基本相同的定义，都指出了科学的基本特征就是事实与规律。科学要发现人所未知的事实，并以此为依据，实事求是，而不是脱离现实的纯思维的空想。至于规律，则是指客观事物之间内在的本质的必然联系。因此，科学实质上就是建立在实践基础上，经过实践检验和严密逻辑论证的，关于客观世界各种事物的本质及运动规律的知识体系。

讲到科学，就不得不提科学精神。我国最早论及"科学精神"的学者是任鸿隽先生。1916 年，他在《科学精神论》一文中明确指出："科学精神者何？求真理是已。"著名物候学家竺可桢在 1941 年所撰《科学之方法与精神》一文中提出了三种科学态度：一是不盲从，不附和，以理智为依归，如遇横逆之境遇，则不屈不挠，不畏强御，只问是非，不计利害；二是虚怀若谷，不武断，不蛮横；三是专心一致，实事求是，不作无病之呻吟，严谨整饬毫不苟且。1996 年中国科协主席周光召在全国科普工作会议上对科学精神的内涵又做了进一步的扩展：平等和民主，反对专断和垄断；既要创新，又要在继承中求发展；团队精神；求实和怀疑精神。2011 年，杜祥琬院士在南开大学面向青年学生作科学道德与学风建设报告时强调：科学的价值和使命在于追求真理、造福人类，这也正是科学精神的真谛；由科学精神派生的科学的理性精神，要求科技工作者以有利于社会为原则约束自己的行为；由科学精神派生的科学的实证精神，要求科学研究必须以唯真求实为原则，经得起实践检验。

在国外关于"科学精神"的研究中，美国科学社会学家默顿（Robert Merton）的论述最为系统。1942 年，默顿在《科学的规范结构》一文中提出，科学的精神气质（Ethos）是指约束科学家的有情感色调的价值和规范综合体，科技共同体理想化的行为规范被概括为普遍性、公有性、袪利性和有条理的怀疑性，通过被科学家内化形成科学良知。美国著名生物学家莱科维茨（Robert Lefkowitz）在《科学精神》一文中指出，真正的科学精神尤其体现在激情（Enthusiasm）、创造性和诚信三个方面。

综合国内外学者较为认同的观点，可以得出，所谓科学精神，就是在长期的科学实践活动中形成的、贯穿于科研活动全过程的共同信念、价值、态度和行为规范的总称。

关于什么是科学精神的基本内涵，当前还没有统一的说法，不同的学者的侧重点也不同。在任鸿隽看来，科学精神包括两个要素：崇尚实证和贵在准确；在竺可桢看来，科学精神的内涵包括：不盲从权威，不计利害，虚心，专心，求是；在周光召看来，科学精神的内涵是，民主精神、创新精神、团队精神以及求实和怀疑精神。综观各家所言，科学精神的内涵可以概括为：求真精神，实证精神，进取精神，协作精神，包容精神，民主精神，献身精神，理性的怀疑精神，开放精神，等等。2007 年中国科学院向社会发布的《关于科学理念的宣言》涉及"科学的精神"与"科学的价值"、"科学的道德准则"和"科学的社会责任"等四个方面，由此大致界定了"科学精神"的外延：①物质与精神的统一，科学因其精神而更加强大；②不懈追求和捍卫真理；③对创新的尊重；④采用严谨缜密的方法；⑤遵循普遍性原则。

（二）严谨的态度与作风

严谨，一般形容态度严肃谨慎，细致、周全、完善，追求完美。《礼记》记载："举大事必慎其终始。"欧阳修在《尚书工部郎中欧阳公墓志铭》中说："君讳载，字则之，性方直严谨。"严谨细致是一种工作态度，反映了一种工作作风。老子说："慎终如始，则无败事。"严谨细致，就是对一切事情都要有认真、负责的态度，一丝不苟、精益求精，于细微之处见精神，于细微之处见境界，于细微之处见水平；就是把做好每件事情的着力点放在每一个环节、每一个步骤上，不心浮气躁，不好高骛远；就是从一件一件的具体工作做起，从最简单、最平凡、最普通的事情做起，特别注重把自己岗位上的、自己手中的事情做精做细，做得出彩，做出成绩。

中国科学院院士郑南宁先生曾说："从事科学研究一定要有严谨的态度，科学家更要时刻保持冷静思考。"可见，时刻保持冷静的思考是严谨的要素。冷静思考就不能想当然地信口开河，或者不经过论证地自以为是。在经历一年的质疑和等待后，2017 年 8 月，河北科技大学韩春雨副教授团队主动撤回发表于《自然·生物技术》期刊的论文，在再次引发社会对学术论文真实性问题讨论的同时，也再次警示大家"严谨是对待科学的最好态度"。

科学严谨的态度、开拓创新的精神和求真务实的作风是一个人能够有所成就的关键因素。居里夫妇从一吨可能含镭的工业废渣中经过一次次的冶炼，一次次送到化验室溶解、沉淀、分析，最终提炼出了 0.1 克发出略带蓝色荧光的镭，这是科学严谨实验的结果；"两弹一星"元勋黄纬禄院士遗物中八十多年前的一本微分方程课堂笔记不仅用全英文记录，而且字迹工整如印刷体一般，这是其做事科学严谨的体现；上海飞机制造有限公司的高级钳工技师胡双钱靠手工打磨大飞机精密零件，35 年日复一日地重复着同一个动作，加工过数十万个飞机零件，但从没有出现过一个次品，这是"大国工匠"科学严谨的制造过程……科学严谨的态度，成就了他们伟大的事业和精彩的人生。

（三）严谨科学与工匠精神

工匠，是有工艺专长的匠人。工匠精神是指工匠不仅要具有高超的技艺和精湛的技能，而且还要有严谨、细致、专注、负责的工作态度和精雕细琢、精益求精的工作理念，以及对职业的认同感、责任感、荣誉感和使命感。

2016 年 3 月 5 日，"工匠精神"首次出现在政府工作报告中，让人耳目一新，媒体甚至将其列入 2016 年度"十大新词"予以解读。有人把工匠精神简单地理解为一种做事文化，认为工匠精神就是心无旁骛，兢兢业业做事、踏踏实实干活，这种观点是片面的。认认真真做事仅仅是工匠行为，并不是工匠精神，这两者之间不能画等号。可以说工匠精神包含认真做事的态度，但认真做事并不是工匠精神的全部。

工匠精神在不同的国家有不同的说法，德国人称为"劳动精神"，美国人称为"职业精神"，日本人称为"匠人精神"，韩国人称为"达人精神"。对比研究它们的共性，可以发现，大国工匠精神的特征主要表现在以下五个方面：执著专注、作风严谨、精益求精、敬业守信、推陈出新。以作风严谨为例，德国人的严谨，在全世界是有名的。这可以从一个小小螺丝钉看出来。"飞机安装环节要求非常严格，假如有 6 个螺孔，那么技师就只能拿到 6 个螺丝钉；如果掉了一个螺丝钉，死活都要找出来。"德国海里派克直升机责任有限公司首席执行官柳青说："在飞机制造行业，工程人员需要非常严谨。如果一个螺丝钉不小心丢了，很可能会留下严重的安全隐患。"这一枚小小的螺丝钉，折射出了德国制造业一直传承的严谨的工匠精神。

作风严谨，精益求精并不是外国工匠的专利，我国也不乏这样的能工巧匠。在我国时速 300 公里的高铁上，有一个重要部件——转向架。每片转向架的体重有 1.1 吨，定位臂落在四个车轮的节点上，每个接触面不足 10 平方厘米，当列车以时速 300 公里运行时，接触面承受的冲击力有二三十吨。缝隙大了，车轮可能会松脱；如果完全焊死，转向架就无法再打开，影响列车检修。这个转向架，不只在中国，在全世界所有高铁生产线上，都要靠手工研磨。按照国际标准，留给手工研磨的空间只有 0.05 毫米左右，也就是相当于一根细头发丝。宁允展就是负责这道工序的高铁首席研磨师。过去的十多年，宁允展就在这细如发丝的空间里施展着自己的绝技。磨小了，转向架落不下去；磨大了，价值十几万元的主板就报废了。宁允展的绝活也正在这里，他像绣花一样，把切口表面这些隐约的竖线，织成一张纹路细密、摩擦力超强的网，"0.1 毫米的时候，国内有十几个人能干。到了 0.05 毫米，别人都干不了了，目前就只有他能干"。没有最好，只有更好。正是因为有了这样严谨科学、精益求精的精神，这位毕业于某铁路技校的高铁首席研磨师先后获得了 5 项国家级技术专利。现在，他投入更高速度列车的生产，并在工作中不断地研发新项目、新工艺。

可见，"工匠精神"是一种职业精神，它是职业道德、职业能力、职业品质的体现，是从业者的一种职业价值取向和行为表现。工匠精神落在个人层面，就是一种严谨精神、科学精神、创新精神、敬业精神。其核心是：不仅仅把工作当作赚钱养家糊口的工具，而是树立对职业敬畏、对工作执著、对产品负责的态度，极度注重细节，不断开拓创新，不断追求完美和极致，给客户无可挑剔的体验。"三百六十行，行行出状元"，将一丝不苟、精益求精的工匠精神融入每一个环节，提供有口皆碑的真情服务，做出打动人心的一流产品，是中国民航人践行严谨科学专业精神的终极目标。与工匠精神相对的，则是"差不多精神"——满足于 90%，差不多就行了，而不追求 100%。

二 严谨科学是中国民航的内生需求

以"忠诚担当、科学严谨、团结协作、敬业奉献"为主要内容的当代民航精神，是中国民航行业文化的精神内涵，是社会主义核心价值观在民航业的具体体现和表征，是广大民航从业人员价值取向和行为规范的依据，也是全体中国民航人努力追求的工作目标和方向。现代民航以知识密集、技术密集为特征，其运输生产特性决定了民航专业技术工作必须具有高度的科学性、准确性和统一性。其中，实事求是、严谨科学，作为当代民航精神的基本内容之一，是民航各类专业技术活动的立足点和出发点，是民航各类专业技术活动自身的客观需要，也是民航各类专业技术活动取得成功的唯一途径。

（一）严谨科学是一种专业精神

科学和严谨是一对共同体，天生有良好的组合性。科学是方法，是手段和方式；严谨是作风，是操作与落实，这是一组完美的搭配。严谨的态度是科学的态度，严谨的精神是科学的精神。

世界民航的发展得益于严谨科学的专业精神。1903 年 12 月 17 日，莱特兄弟制造的飞行者 1 号作为人类第一架载人、带动力、可操控的航空器被光荣地载入人类文明史册。从这一天起，人类"插上了翅膀"，就此打开了三维活动的空间。莱特兄弟的成功绝不是偶然的，不是幸运之神敲开了他们的门，他们也是在一次次的失败，一次次的嘲笑，一次次的坚持中得以成功的。他们用科学精神和奋斗精神锻造了打开胜利之门的钥匙，他们的成功除了人文、精神层面的因素，更多的是科学和技术的胜利。

之后短短的一百余年，无数航空先驱和薪火相传的奋斗者，打造出一个恢弘伟大的世界航空业。飞机越飞越快，地球"越来越小"。如今，人们在尽情地享用着航空出行带来的幸福感和获得感的同时，可能很难想象，如果没有航空运输，这个世界会是什么样子。作为当前世界上最大的客机 A380，其翼展 79.75 米，长度 72.72 米，高度 24.1 米，燃油容量 325000 升，两层客舱总面积 550平方米，相当于 3 个网球场，载客量超过 500 人。A380 具备低空通场、超低空低速通场的能力，能够在中低空完成大仰角转弯、过失速速度和过失速仰角飞行，能够实施空中翻转，这保证了飞机在遭遇鸟击、雷暴、大侧风等恶劣条件时飞行的安全。同时其 37 米长的机翼和 8 米长的侧旋尾翼保证了飞机在所有动力全部失效以及燃油耗尽的情况下依然可以滑翔着陆。这也就是航空领域经常说 A380是永不坠毁的飞机的原因，俗话说翅膀大能兜风，就是这个道理，

37米长的纳米芯板架机翼产生的飞行升力是惊人的，它意味着即使飞机所有的引擎全部损坏，飞机大约从36000ft飞行高度"飘落"下来的ETOPS限制时间为60分钟，而不是一头扎地坠毁。这些都是科学思维和创造精神的结晶。

（二）严谨科学是民航行业风格

严谨科学既是专业精神，更是行业风格。中国民航在短短的六十多年里，从无到有，从小到大，从弱到强，克服了一个又一个困难，攻克了一个又一个堡垒，突破了一个又一个技术瓶颈。规章体系日臻完善，隐患治理功到效成，结构调整发力精准，延误整治猛药去疴，基本建设提质增速，真情服务便民贴心，国际合作多点突破，通用航空稳步前行，深化改革聚焦合力，科技进步步伐加快……一个又一个骄人成就的取得，正是民航严谨科学的行业风格的生动展现。

民航人严谨的工作态度和行事风格不是一蹴而就的，而是来自平时科学的培养和训练。民航是一个技术和风险高度并存的行业，离不开各类专业技术人员的付出。安全，一直以来都是民航工作的重中之重。安全工作涉及范围广、环节多、链条长；飞行、空管、飞行签派、机务维修及保障、机场运行管理等诸多环节中的任何一个疏忽，都可能导致不安全事件的发生。在这些环节上，只是做到合格，还是远远不够的。要防止不安全事件的发生，就必须杜绝安全隐患，也就是必须在每个工作环节上精益求精、追求细致和完美。飞行人员操作飞机用最佳姿态飞行，是严谨科学的工匠精神的体现；机务人员的螺丝钉拧得恰到好处，是严谨科学的工匠精神的体现；空管人员指挥用语更精练、准确，也是严谨科学的工匠精神的体现……其中，飞行人员（驾驶员、领航员、飞行机械员、飞行通信员）作为民航运输最为关键的技术人才，也是民航运输最直接、最基本、最重要的力量。一架飞机载着几十至几百名旅客飞在高空，需要当机飞行人员处处谨小慎微，他们的业务技能的高低，直接决定着民航运输任务的飞行品质和社会声誉，影响着一个航空公司甚至整个民航行业的生存和发展。一名机长的培养过程，就是一个慢慢养成的"马拉松"工程。通常来说，一名航校毕业刚参加工作的飞行员，最后要晋升为一名合格的机长，需要经历一系列严格的训练和一级一级严苛的"升级考核"，前后加起来需要 5～10 年的时间。然而，升为机长并不是飞行员的终极考验，为不断提高飞行技能，适应各类机型和新技术，飞行人员的在职培训紧而又紧，每年都要接受地面和空中的考核，飞行人员严谨细致的养成需要不断地训练。对管制员来说也一样，从学校毕业后，从跟班实习到单独"放飞"，再到一个成熟管制员，至少需要 5 年时间。在管制员的职业生涯中，从一名 5 级管制员晋升为 1 级管制员，每年都要经过各类培训，经过形形色色的考试，经过雷达模拟机的复训，通过平时严格的训练来养成严谨优良的作风。

作为服务性质的行业，民用航空运输在综合公共运输体系中发挥着不可替代的作用。不要小看那一张张薄薄的机票，在每一张机票的背后，都需要地服人员、管制人员、机务人员、配载人员等许许多多不同岗位、不同专业的民航人在台前或者幕后为之付出努力，他们的工作，同样需要严谨的工作风格。

"车辆 45 度顺旅客行径摆放法""鱼骨形无死角取车摆放法""车辆拉松间距服务""候机大厅小手推车服务""到达廊桥口车辆全覆盖"……这些独特新颖的服务名词，旅客只有在经历过上海虹桥机场的手推车服务之后，才会有真切的认识和感受。就是这样一项看似毫不起眼的手推车服务，如今成为上海空港的一张鲜亮名片。然而，虹桥机场"全球第一的手推车服务"的推出，同样也不是一蹴而就的，而是在反复的调查研究、论证优化的基础上得来的。这离不开虹桥机场润泓手推车服务管理部管理者科学严谨的策划，离不开基层执行者严谨认真的态度。

故事 1

全球第一的手推车服务是如何炼成的？

据了解，4.97 分（满分 5 分），只有韩国首尔的仁川机场获得过一次。虹桥机场手推车服务曾经全球排名第 27，经过虹桥机场航站楼运行部门与手推车公司这几年的努力，从去年（2014 年）开始，虹桥机场逐渐开始进入前六、前四，直到去年最后一个季度成为全球第一。虹桥机场手推车服务的排名在日趋靠前的情况下，排名也较为稳定，始终名列"第一"。

作为我国首座集合机场、高铁、地铁等多种交通工具的大型综合交通枢纽，虹桥枢纽每天仅航空进出港旅客就超过 10 万人次，在 T1、T2 两座航站楼内有近 8000 辆手推车，手推车管理工作非常繁杂。由于车辆使用率非常高，手推车管理员需要不停地收集散车、摆放到位，以方便下一位旅客使用。

自 T2 航站楼 2010 年 4 月开航以来，由韩国总经理郑一镐团队带领的上海润泓物流公司近 300 名员工组成润泓手推车服务管理部，从旅客角度出发考虑问题，经过多年摸索，他们推出了虹式手推车服务法：行李提取转盘旁的手推车不是集中摆放，而是"围圈式"地一辆辆分开摆放 16 辆；车辆间距为 1 米，以 45 度角顺着旅客经过的方向摆放。这样以旅客为本的摆放思路使手推车管理员的工作量成倍增加，却让航班高峰时刻旅客取车效率提高了近 50%。

在虹桥机场 T2 候机楼出发大厅外随处可以看到，身穿蓝色制服的外场手推车管理员在炎炎烈日下不停地把散车归集到蓄车点，然后又在路侧的出发大厅 2 号门至 10 号门之间每隔几米摆放几辆手推车，让旅客一下车就能"随手易取"。据了解，车道边这样的摆放点有 204 个之多。

现场手推车管理员曹根火做这份工作已经有 5 年之久。他说，为了推车时合理避让旅客行走路线，他们必须跟在旅客后面推行，不得强行超越。每次运送数量也有规定，小车 16 辆，大车 8 辆，确保可以及时刹车，以免造成擦碰事故。此外，为了让旅客一下飞机就可以从廊桥口取用小推车，他们时刻保证 15 个摆放点都有充足的小推车，覆盖所有廊桥口。

由于虹桥综合交通枢纽的面积很大，"虹式手推车服务"的区域也因此变得非常之大：从西边高铁站通往机场的交界处开始，直到东边航站楼与中航柏悦酒店的衔接处，从地下两层地铁到地上三层出发大厅，涵盖停车场、公交中心、出租站点等三十多万平方米的区域。

据了解，一名手推车管理员每天的行走路程相当于从虹桥机场走到上海外滩的距离，如果袜子质量稍差一点儿，一天下来就会破洞。

而"七星级手推车服务"不仅是车辆可以随时取用、每辆手推车都擦洗得光亮如新这么简单，而且所有手推车管理员对旅客的询问也是"有问必答"，做到"七心"：爱心、细心、耐心、用心、诚心、热心、衷心，为旅客提供规范、温馨、便捷又细致的服务。由于很多手推车管理员文化程度不高，为了更好地回答旅客的各种疑问，虹桥机场与润泓联合搭建了管理层月例会和"阶梯式"学习培训等制度平台，用心引导那些来自上海近郊没有受过什么培训的手推车管理员，让他们明确手推车不是简单的体力劳动，而是一种为旅客提供品质享受的服务。手推车管理员也格外珍惜这些学习机会，他们苦学普通话，遇到说英语、日语或韩语的旅客就电话求助公司管理层同事；他们还要为无人陪伴的老、弱、病、残、孕旅客提供免费的手推车和电瓶车服务……

为增强品牌影响力，虹桥机场公司与润泓手推车服务管理部经常开展头脑风暴，集思广益创新服务举措，讨论解决现场管理的焦点、难点问题，并强化履约评价。双方根据手推车管理情况定期拟写项目评估书，争取延长合同续签年限；同时努力加大"七星"品牌推广力度，引导并鼓励将手推车优秀管理经验复制到其他机场上，提高品牌的知名度。

（资料来源：摘编自《中国民航报》2015 年 9 月 30 日，第 1 版。）

第二节　严谨科学——民航的传承与发展

民用航空运输在综合公共运输体系中发挥着不可替代的作用，与其他行业相比，民航是一个高投入、高技术、高风险的行业，航空安全事关人民群众的生命财产安全，事关社会稳定，事关国家声誉。为了实现民航安全，民航人从新中国民航事业起步的那一天起，就始终把严谨科学放在工作首要的位置，并将其作为立业之本，克服了一个又一个困难，攻克了一个又一个堡垒，突破了一个又一个技术瓶颈，取得了一个又一个成果。"十二五"期间，我国民航实现运输飞行3480 万小时，比"十一五"时期增加了 70.9%。安全运送旅客 18 亿人次，未发生运输航空事故。安全水平大幅提升，亿客公里死亡人数十年滚动值从"十一五"期末的 0.009 降至 0.001（世界平均水平为0.01）；运输航空百万架次重大事故率十年滚动值从"十一五"期末的 0.19 降至 0.04（世界平均水平为 0.47）。可以说，严谨科学已成为民航人最显著的思维特征和行为习惯，它固化在所有民航人的思想里，落实在行动中，其内涵不断深化，外延不断拓展。

一 行业管理需要严谨科学

自 1949 年 11 月 2 日中国民用航空局成立，短短几十年来，和共和国同龄的中国民航从无到有，从小到大，从弱到强，走过了不平凡而有意义的辉煌历程。从成立之初的空军编制，到 20 世纪 80 年代前后脱离空军加入地方序列，再到 2002 年前后民航体制改革，业务板块陆续剥离，进行企业化运作（国有大航空公司，航油、航材和航信三大保障单位划归国资委管辖，机场交由地方政府管理）……民航局作为行业管理部门，其组织机构和职能发生了重大变化。作为行业管理的主体，民航局提出"民航行业发展战略和中长期规划、与综合运输体系相关的专项规划建议，按规定拟订民航有关规划和年度计划并组织实施和监督检查。起草相关法律法规草案、规章草案、政策和标准，推进民航行业体制改革工作"，这是民航局机关最主要的一项职责，也是民航各相关单位规划、建设、运行、改革、发展等方面的主要依据和标准，这属于顶层设计的范畴。民航运输的系统性和复杂性决定了民航局作为行业主管部门，在行业市场规制的顶层设计过程中必须有求实、认真、严谨、科学的专业精神，必须要经过反复的调查研究、反复的研讨论证、持续的修订完善，只有这样的市场规制，只有这样的顶层设计，才能经得起实践和时间的检验，才能真正促进行业的健康可持续发展。

俗话说，没有调查，就没有发言权。调查研究是做好科学决策的前提。其首要任务是弄清事实真相，把发展现状搞清楚，把问题和原因找准，这是认识事物本质的前提，是得出正确结论的基础，是取得调研实效的保证。这就要求在调查中做到真实准确、客观公正，去伪存真，由表及里，深入基层、深入群众、深入现场，掌握大量的第一手资料，避免从书本到书本、从资料到资料、从文件到文件，要有实事求是、认真负责的调查态度，一丝不苟、艰苦细致的调查作风。实事求是是我们党的思想路线。但"实事求是"说起来容易，做起来难。调研中往往会出现不少的困难：飘浮的作风容易使人们不去了解真实情况；利益诉求导致一些地方、单位有意隐藏真实情况；能力所限只见树木不见森林，以偏概全；限于体制、机制等因素不能深"求"、不愿深"求"，浅尝辄止。因为存在诸多困难，所以需要下大力气进行调查研究。借助调查研究，掌握真实情况，探究规律性，为科学决策提供依据和参考。调查研究若缺失了实事求是这一基本要求，其对于科学决策的价值就无从谈起。

以《航空法》的修订为例，早在1999年12月，民航局就向国务院法制办上报《关于建议修改＜中华人民共和国民用航空法＞的函》（民航体函〔1999〕928号），建议结合行业发展实际，启动修订工作。2000年初民航局开始了修订前期论证和征求意见工作，为修订工作准备材料。2003年民航法的修订起草工作正式启动。在法律修订过程中，民航局法规司广泛征求行业内外意见，就修订基本原则、主要内容等听取了各方意见。经过反复修改论证，在分别召开论证会听取管理者、业内外航空法专家学者的意见的基础上，先后形成了民航法修订讨论稿和建议稿。2015年9月，在全行业广泛征求了意见，共收集到62个单位和民航局机关各司局反馈意见634条。在对所有意见进行了逐条研究处理，并就重点问题进行调研的基础上，对修订稿作了进一步修改。2016年1～3月，民航局再次征求了14个省（区、市）、8 个中央部委和最高人民法院等单位的意见，收集反馈意见 119 条，意见集中于行业发展、机场规划、安全监管、运输服务、运输责任、通用航空等方面。民航局进行了逐条研究，并就重点问题专门征求了有关方面意见、建议，对修订稿再次进行了研究修改，最终于 2017 年报送国家法制办审查。《民航法》漫长而又艰难的修订之路，除了一些不可控因素，更多地反映了在行业管理部门制定政策过程中，大量的专家学者做了充分的调研和周全的考虑，充分结合当前我国法律实施中的问题和民航行业的发展变化进行修订，严谨科学的专业精神发挥得淋漓尽致。只有这样，要求出台的法规政策才会接地气，简明易行，便于指导工作，促进行业发展。否则不但难以落地，还会影响政府和行业管理部门在社会上的公信力和影响力。俗话说，"基础不牢，地动山摇"。试想如果行业管理部门在制定法规政策的时候缺乏严谨科学的作风和实事求是的态度，中国民航何以取得现今的成就？

法规标准和政策的出台需要严谨科学的调研和论证，法规标准和政策的落实与监管同样需要严谨科学的精神和态度。安全监管是民航行业管理工作的重中之重，是民航政府职能的第一要责。民航安全监管队伍是实施监管工作的主力军，是确保民航安全的重要保障。民航安全监管队伍在监督检查民航各单位对规章条例的落实情况时，更要周密安排，细致扎实，沉下心来，扑下身去，深入基层，面向一线，解疑释惑，化解困难，以严谨科学的专业精神，将行业管理的成果落地生根。

故事 2

从基层走出来的专家
——记民航福建监管局危险品运输监察员赵华

2011 年 4 月 4 日在美国大西洋城召开的国际民航组织危险品运输专家组全体会议上，一位身材瘦小、齐耳短发的东方女性，以极其精彩的发言引起了各国专家的注意。她就是来自民航福建监管局运输处的安全监察员赵华。从中国民航运输安全监察一线，到国际民航组织这个大舞台，赵华用东方女性特有的细心和执著，在危险品运输监察实践中积累经验，为完善危险品国际空运法规建言献策。在 2010 年一年的时间里，她精心撰写的 8 项提案有 4 项得到了国际民航组织的认可与采纳。

干一行，爱一行，钻一行

说起近 18 年的工作经历，说起现在从事的民航危险品运输监察工作，赵华有"两个没想到"：没想到英语系毕业的她会和危险品运输打交道，没想到自己的提案能得到国际民航组织的认可。2004 年初，民航福建监管办成立时，飞标处需配备一名专职危险品运输监察员，对辖区内危险品航空运输实施监督管理，组织上很快就想到了持有专业英语八级资格证书、综合素质高、年年被评为先进的赵华。当时已是售票处副主任的赵华，二话没说，服从组织安排，走上了危险品航空运输监察员这个陌生的岗位，接受了她职业生涯的一次严峻挑战。

危险品航空运输监察工作专业性强，责任重大，关系旅客生命和国家财产的安全。"既然干了危险品运输监察这行，就要认真履行职责，把好关口，把安全隐患挡在门外。"面对新的岗位，赵华深知，在危险品航空运输监察这条充满艰辛的道路上，没有捷径可走，只能扎扎实实地从头学起，认认真真地从头干起。

在办公室、在家里，只要有空，她就在电脑前上网搜集国际上的法规和案例，尽快熟悉国际民航组织关于危险品航空运输的相关政策、规章和标准。在监察一线，她一丝不苟，严格要求，注重调查研究，善于发现问题、独立思考。

在学习、工作中，赵华总是和自己较劲。碰到学习难题、工作难点，她一点一点地钻，非要弄个明白不可。遇到需要在现场监察的早班飞机，由于机场离住的地方较远，赵华在前一天晚上就住在机场，一大早再赶到现场监督危险品装机过程。

不抓源头，工作就没法干

"工作细心、严谨，自我要求高，从不服输。"这是同事对赵华最深刻的印象。在几年的危险品运输监察工作实践中，赵华深刻认识到，不抓源头，工作就没法干，必须从源头上堵住危险品空运的安全漏洞。她首先从抓规章落实入手，逐步建立和完善辖区各运行单位危险品航空运输管理体系。

在赵华的积极推动下，福建监管局辖区各民航运行单位无一遗漏地建立了从收运、存储、装卸到交付等运输环节的危险品运输管理程序，制定了危险品应急处置预案，明确了危险品管理、监督机制及相关部门安全管理责任。辖区内的晋江机场、厦门机场还成立了危险品运输培训机构，建立了危险品知识培训长效机制。

做好了行业内各环节的危险品运输监察，还远远不够。赵华凭着不服输的韧劲，把监管源头延伸到了危险品收货单位、生产厂家。这种跨行业监管，对生产厂家是服务，也是帮助，逐渐得到了他们的理解和配合。

近年来，锂电池在国内外航空运输中发生爆炸、起火的事件屡有发生，福建有不少锂电池生产厂家，锂电池航空运输也较频繁。赵华亲自到锂电池生产厂家现场察看生产过程，实地了解包装情况，指导生产厂家按照民航有关危险品包装标准和要求进行产品包装。她还采用普查访谈、电话访问、收集资料等方式，写出《锂电池鉴定与航空运输的难点》论文，发表在 2009 年第 5 期《中国民用航空》杂志上。

危险品航空运输监察源头逐步延伸，监察工作井然有序、成效显著。自福建监管局成立以来，辖区内危险品航空运输保持了平稳的安全态势。

她的建议补充完善了危险品国际空运法规

功夫不负有心人。赵华在实践中摸索，在摸索中提高，不仅很快胜任安全监察岗位，而且成为华东民航乃至全国民航小有名气的危险品航空运输监察专家。

2009 年 8 月，赵华撰写的《关于修订危险品相关定义》提案，首次被中国民航局采纳，并作为中方 4 项提案之一，于 2009 年 10 月被提交到国际民航组织第 22 届危险品专家组会议上。该提案得到与会代表的响应并讨论通过，进一步完善了国际民航组织附件 18 及

《危险品航空安全技术细则》中危险品事故/事件、危险品保安的定义。

2010年，受民航局运输司指派，赵华曾3次作为中国民航"对发展中国家民航安全管理官员研修班"的教员，给来自东盟等地区的发展中国家的民航安全管理官员及运输运行监察员，用英文介绍和讲解我国民航危险品航空运输管理与监察的情况。

同年9月，赵华向民航华东地区管理局上报了包括修订国际民航组织附件18中"联合国编号"相关定义在内的8项英文工作文件，之后应邀参加了民航局运输司组织的国际民航组织危险品专家组全体会议。经论证，此8项文件中的5项获得通过，形成中方正式提案的全部内容，向国际民航组织提交。两个月后，在阿布扎比召开的国际民航组织危险品专家组会议上，这5项文件中的4项得到与会代表的响应并讨论通过。

学无止境，做一个专家型的安全监察员

"不要求人人都是专家，但都要往专家方向去努力。"这是福建监管局党委对每个监管员的要求。在成绩和荣誉面前，赵华追求上进的脚步没有停止。做一个专家型的危险品航空运输监察员，是赵华一直努力的方向。

2006年，刚接触到关于锂电池作为非限制性货物进行航空运输的特殊规定时，为了解决在实际监察中如何把握锂电池是否通过标准测试的问题，赵华多方联系，从民航局飞标司主管领导到航科院危险品管理室专家，从航空公司危险品运输专家到出入境检验检疫局电池产品检测专家，她像一个学生似的虚心请教，直到将问题搞清弄懂为止。

学无止境，学以致用。赵华，这位从基层走出来的危险品航空运输监察专家，凭借工作和学习上的坚韧和执著，凭着女性特有的严谨和细致，在未来的职业生涯中和人生道路上，将走得更加稳健、踏实。

（资料来源：摘编自《中国民航报》2011年6月16日，第1版。）

二　飞行安全需要严谨科学

安全是民航永恒的主题。历代中央领导对民航工作高度关注，始终将安全放在"核心"位置。早在 1957 年 10 月，周恩来同志就为民航工作作了"保证安全第一、改善服务工作、争取飞行正常"的题词。2016 年，习近平总书记再次对民航工作做出"首先要坚持民航安全底线，对安全隐患零容忍"的重要批示。他明确提出"安全隐患零容忍"，强调既要牢守安全底线，也要对可能造成安全事故的各类隐患采取"零容忍"态度，将安全提到了前所未有的高度。

历届民航局党组、领导一直将安全工作放在重中之重的位置。民航局局长冯正霖同志提出了民航要始终坚持"飞行安全、廉政安全、真情服务"三个底线，将安全第一思维融汇在日常工作中，贯穿在方方面面，为我国从民航大国向民航强国迈进奠定了良好基础。

科学高效、务实严谨、规范细致是确保飞行安全的关键，也是中国民航人的精神特质。中国民航人对安全的敬畏和执著追求是在长期实践中逐步形成和发展起来的。中国国际航空公司飞行总队，曾经连续保证安全飞行数十年，创造了世界民航史上的光辉业绩，他们的基本经验就是坚持严字当头、实事求是的科学态度。东航西北分公司飞行部门，结合自身高原航线多的运行特点，适时有针对性地开展"风险无处不在，如何保证安全"研讨活动，进一步严谨飞行作风，规范飞行程序，优化机组搭配，强化协同配合，全面加大风险管控力度……作为行业主管部门，民航局一直以积极主动、扎实高效的态度，严守"飞行安全"底线思维，从法规标准制定、安全资金投入、人员资质管理、监察队伍建设等方面，抓严、抓细、抓实民航安全工作，着力解决安全管理中的新问题，旨在为新时代民航强国建设提供高质量的安全保障。其中，民航局每年召开的年度航空安全工作会议，就是研究和部署全行业安全工作的专题会议，其目的是对上一年度的重点安全工作进行回顾与总结，明确下一年度的安全工作的基本思路和目标任务。

故事3

<h1 style="text-align:center">挑战"空中禁区"</h1>

——东航西北分公司高原机场及特殊复杂机场飞行纪实

我国的高原机场主要集中在西南、西北地区。受天气、地理条件影响，高原机场对飞机性能、飞行人员综合素质以及机场飞行程序设计要求远高于其他机场。而青藏高原地势险峻、高寒缺氧，是国际民航界公认的全球飞行难度最大的区域之一，曾被称为"空中禁区"。然而，东航西北分公司迎难而上，不断挑战"空中禁区"，成功开通了拉萨、格尔木、九寨等航线。

严谨科学：铸造能打硬仗的飞行部队

在航线网络日趋完善的基础上，东航西北分公司已拥有一支强大的适应高原飞行的机队——5架A319飞机。从20世纪60年代西北分公司的前身——民航西安飞行大队执飞西安—拉萨航线开始，在这条曾被国外同行视为"空中禁区"的航路上，他们铸就了一座安全丰碑。

机长陈迪表示，高原机场海拔高，附近区域高山连绵，沟渠纵横，导致飞机起降、复飞等操纵难度加大。其实，高原飞行的难度还在于一旦飞行中发生单发飞行，发动机推力下降，要保持飞机在一定高度，直至安全降落，这对飞机性能要求极高。拉萨、格尔木等高原机场，不具备夜航条件，因此对飞行时间安排也要求相当高，特别是下午的航班，在日落前3小时必须落地，日落前两小时必须起飞，否则，错过最佳起飞时机，航班必须取消。

西北分公司多年从事高原飞行，针对特殊复杂机场航线，经常召开专题研讨会，分析飞行中遇到的特殊情况，总结优缺点，经过不断摸索，形成了一整套飞行特殊机场航线的措施预案。同时，飞行技术管理部、安全运行监察部、飞行部等，制定出西北分公司的细化措施和飞行标准，为飞行特殊航线提供了坚实的理论依据和制度保障。目前，西北分公司相关部门正在进行区域导航技术（RNP）的论证，准备在短期内实现飞机的区域导航，提高飞机的适航标准，降低高原航班天气限制，提高航班正常率。

此外，高原飞行还需要一批有高超飞行技术和稳定心理素质的优秀飞行员。西北分公司为飞高原的航班配备了双机长。而高原机长的选拔也极为严格，符合要求的机长必须按训练计划，完成模拟机单发飞行的训练科目，以及飞行部组织的高原飞行理论学习，然后每半年都要进行一次单发培训。目前，西北分公司 A320 有 110 多名责任机长，仅批准其中五十多名机长飞拉萨航线。

提高标准：锻造出色的维修部队

气候复杂多变是高原飞行的一大挑战，这对机务维护也提出更高要求。为此，东航西北分公司飞机维修基地成立了高原机场飞机维护专门保障组，加强对高原机场飞机的维修维护，并采取了"提高维护标准"的措施：选择使用最好的发动机，保证发动机的稳定性和适应性。同时规定发动机的最大使用期限，飞行前一天，按专机飞行的工作单检查飞机，制定专门用于拉萨、格尔木等高原飞行的机务保障手册，明确检查标准。制定切实可行的高原机场飞机维护保障措施及维修细则。同时，定期和不定期召开专题研讨会，分析高原航线适应性飞机的性能要求，制定最低放行标准，确保高原机场航线的正常运行。一位老机务维修人员说，高原运行不能出现机械故障，因此，维修人员应针对可能出现的未知故障进行研讨，不能等故障出现了，再去研究，那就晚了。

维修基地工作人员的工作性质决定了他们无论刮风下雨，无论烈日酷暑，都必须坚守在机坪上，每天要保障八九十架飞机安全民行。航班旺季，每天平均保障上百架飞机安全民行。

由于具备了严格的机务保障制度，执飞拉萨航线和格尔木航线的飞机从未发生过一起人为差错。"严谨、科学"是笔者在东航西北分公司维修基地采访时所深深感受到的四个字，在保障高原安全飞行中，他们倾注了无数的心血。

（资料来源：摘编自《中国民航报》2007 年 9 月 17 日，第 2 版。）

"民航发展，空管先行；飞行安全，空管是关键。"空管作为民用航空运行体系的中枢，在建设民航强国中担当着举足轻重的角色，是保障民航飞行安全的重要支柱之一。为了保证飞行安全提高运行效率，航空运行的空间需要划分为各类空域，用以规范航空器的运行行为。以管制为例，管制分为塔台管制、进近管制、区调管制。通常，塔台管制负责的是机场区域内 0～600 米高度以及在地面上滑行的飞机；进近管制负责 600～6000 米高度上的航班；区调管制负责进近高度以上至 13000 米范围的指挥业务，这是飞机在巡航阶段的指挥。飞机在空中飞行，是划分高度层的，一般以 300 米为一个高度层，共设 13 个高度层。每架飞机必须在管制员的指挥下，严格按高度飞行。高空管制指挥除了在垂直方向上划分了高度，水平方向上还划分了若干区域。这个区域的管制员完成指挥后，就迅速移交给下一区域的管制员，一棒一棒传下去，中间无间断，因此又被称为"无缝隙管制，零距离服务"。正因为参与空中交通管理服务的部门很多，分工很细，部门与部门之间、管制员与管制员之间、管制员与飞行员之间的配合与默契就显得格外重要。一架飞机的顺利起降，上百人的安危不仅系于飞行员的操纵杆，也系于管制员手中小小的话筒。没有人能单独指挥一架飞机起飞或着陆。无论是飞机从到达机场空域，还是到最后驶入停机位，背后都是管制员之间严谨的态度和默契的配合。管制员的每一个指令、每一句话都事关安全，来不得半点马虎和疏忽。其中任何一个环节出现纰漏，都有可能造成难以预估的灾难。

三 运行保障需要严谨科学

民航是一个高科技和高风险并存的行业，安全与风险交织，发展与困难同在。以航空器为核心的民航业，技术保障体系繁多而庞杂，有机场方面的场道、值机、安检等环节，有航空公司的机务、地勤、签派等部门，也有空管的通信导航监视、气象、情报、管制等专业，它们之间环环相扣、节节相连，共同致力于中国民航的飞行安全和航班正常。在这烦琐而又庞杂的技术保障体系中，更离不开相关人员的严谨科学的精神支撑。

在空管管制指挥过程中，为缓解空域拥堵，减少航班延误，合理规划管制扇区数量和空域结构，是保障航空安全、缓解航路拥堵、减少与提高空域容量和航空运输效益的重要基础。在一个管制空域内，扇区怎么划、划多少，是一个重大难题和课题。划得少了，扇区内飞机流量增大，管制负荷运行风险增大，可能引发不安全事件；划得过细过密，人浮于事，造成人力物力资源浪费。对此，专业机构和专业人员需要反复调研，科学比对，在充分掌握一手资料的基础上进行扇区划设。这都需要科学依据，合理安排，精心设计，实时调整。

在航空器保障过程中，在机场有这么一群人，他们在一个 24 小时都有打印机声音的大办公室里，听着诸如"××航班、报货"这样的声音提示，手里紧张地敲击着键盘，眼睛紧盯着电脑屏幕上的数据和舱线图。虽然旅客从不与他们接触，他们却比任何人都要关注旅客的出行安全。即使人们只能记住航站楼里旅客服务部门员工的笑脸，但他们总是在幕后默默无闻地坚守着自己的职责，他们就是始终以飞行安全为第一考量的配载员。载重平衡是航空运输地面保障的关键环节，作为负责航空器载重平衡的重要岗位，配载员需要以一丝不苟、严谨科学的作风，为航班的安全正点运行提供有力保障——舱单。别小看舱单上那些不起眼的数据，稍有差池，就会直接影响航空器的飞行安全。

故事 4

你不知道的配载员：保障航班安全是我们的使命

"配载员"这个神秘岗位与民航业的发展同在，只要有飞机在机场上起降，配载员的电脑就从未停止工作。为了实时监控航班，配载部门需要有人 24 小时值班，从迎接朝阳的第一班飞机起飞，到晚间最后一班飞机离地，配载员的神经从未松懈。

每一个配载员都是出色的设计师、发明家。每一架飞机在起飞前，都会有一张相应的装载平衡表与之相配。在飞机起飞前的 3 个小时左右，配载员会收到从货运部门发来的航班装有货物、邮件重量的数据，配载员需要根据不同机型舱位分布的不同，结合该航班旅客座位的分布，将旅客、行李、邮件、货物以及油量数据神奇地融合在一起，输入生产系统中。在保证飞机旅客和全部货物、邮件、行李的装载处于安全平衡范围内时，配载员会将分配合理的装机单传送给现场部门，由现场装卸部门将货物、邮件和行李装载在飞机不同的舱位。

配平值会直接影响机组的操作，起飞重心决定着飞机起飞和降落平衡的状态，业载表示飞机能装多少旅客和货物，一旦出错就可能造成航班隐载。

在保障安全的同时，配载员要尽可能地为旅客出行舒适安考虑，为旅客提供最佳的座位选择，争取最宽裕的行李提取时间。

配载员的"功夫"，除了理论培训和系统操作外，还要靠"师傅"手把手教导。"师傅"以言传身教的形式，教授徒弟手工画图和使用系统来绘制载重平衡图表。配载员通过一架一架航班的配平来锻炼对飞机重心数据的敏感程度，在实操中不断锻炼自己，提高自己对配载工作的"感觉"，经过日复一日应对各种突发情况的锻炼，最终成长为一个经验丰富的配载员。

虽然配载员每天都在不为旅客所知的幕后工作，但他们时刻关注着旅客的动态。航班延误，由于天气导致大面积航班不能按时起飞，旅客增减、行李重量和件数变更，货物的舱位调整、机组要求多加油量，各种不可预料的情况都会发生，在这样恶劣的环境里，配载员们会更加谨慎小心，严把安全关。将飞机的平衡控制在最佳状态，及时将计算准确的载重平衡图表送交机长，以确保飞机正点飞行。

每年春运配载员都会放大行李计算系数，就是为了旅客能够顺利返乡。两会期间，配载员为了保障两会代表航班的安全正点飞行，必须时刻关注旅客信息，注意将代表的行李单独装舱。在暑运雷雨天气和冬季普降大雪造成航班大面积延误的日子里，配载员要做好随时来单位加班的准备，预备为同事接班。

一个好的配载员至少要经过3年锤炼，他要考虑的是在安全的前提下飞机如何省油，位置如何搭配，怎样装载更多的货物，如何确保飞机的重心在规定区域内。不同于民航其他岗位，他们每个人都要熟悉所有机型，并掌握手工制作舱单的技术。在2016年B787-9机型交付国航北京首都机场运营基地之时，配载员们"组团"爬舱，仔细勘察新飞机腹舱内的卡位，经过反复试验，共测得前货舱箱板布局 13 种，后货舱 11 种。

这就是不为人知、甘于奉献的配载员，他们肩负着航班安全的重责。他们习惯了数十年如一日、勤勤恳恳地保障着每一架次飞机的飞行安全。

（资料来源：摘编自民航资源网，http://news.carnoc.com/list/379/379619.html。）

机务维修是民航生产运行链条的关键基础环节，也是一项高度专业性和技术性的工作，机务维修工作质量的高低直接影响着飞行安全。坚守安全底线，提高机务维修质量和水平是关键。机务维修专业划分细之又细，责任落实到岗到人，每一个作业步骤都有相应的制度和操作规程，这些工作既有科学的安排，也有严格的操作。对飞机检测的内容、时间要科学安排，做到既保证安全，又提高效率；检测过程，则要严谨细致，一丝不苟，从而确保实现因机械原因飞行事故万时率控制在 0.1 以下，飞机完好率始终保持在 80% 以上的目标。因此，航空机务更需要严谨科学的精神。作为"飞机的保健医生"，机务人员通常需要具有各种专业的"十八般武艺"，既能熟练地完成修理和工程工作，又理解适航条款，同时还能够完成飞机维修计划的制定，以及航材、工具设备的筹备等原本需要多种不同专业类型的人员才能完成的工作。缺少严谨科学的精神，根本无法支撑如此庞杂的行业。

四　技术创新需要严谨科学

科技教育是支撑民航事业持续快速发展的基石。回望新民航六十多年的征程，中国民航从无到有、从小到大、由弱到强，从单一走向全面。从螺旋桨到喷气机，从几人的承载量到载客 500 多人的大飞机；从目视飞行到雷达管制……民航业发展到今天成为技术性和专业性极强的行业，离不开科技教育的支撑。广大专业技术人员分布在民航大舞台的各个角落，共同为全行业的高速发展贡献力量。

民航强国，科技先行。中国民航的快速发展，催生了许多新技术，而新技术的发展又推动了中国民航的进步，正向循环，相得益彰。多年来，肩负着行业重托的中国民用航空局第二研究所（简称"民航二所"），作为中国民航行业内专业从事高新技术应用开发的科研机构，秉持严谨科学、自主创新、刻苦攻关的精神，长期致力于国内外前沿技术的追踪和研发，一步一个脚印，从无到有实现"中国制造"，硕果累累，其自主研发的机场信息系统集成技术、行李自动分拣技术、场面移动引导控制技术、无线射频识别技术、空管自动化控制技术、航空化学应用技术、机场弱电系统设计技术及适航检测技术均处于国内领先水平，这些科技成果先后在民航空管、机场、航空公司等领域的 100 多个单位广泛应用，为民航众多的重大建设项目和生产运行提供技术保障服务，取得了显著的经济效益和社会效益，为民航的建设和发展做出了重要贡献。

故事5

民航二所行李自动处理系统发展：
发扬工匠精神，打造国货精品

多年以前，国内大多数机场的行李系统采用人工分拣，不仅效率低，差错率也高。随着经济社会的迅速发展，机场吞吐量逐年增加。在近年来中大型机场的建设中，行李自动处理系统成为刚需。然而，长期以来我国民航机场的行李自动处理系统基本被国外厂商垄断，高昂的造价和售后服务曾经让许多民航机场不堪重负。在这样的大背景下，在 1999 年和 2000 年，民航局先后两次通过科研项目途径，为行李自动处理系统的研发注入了关键的启动资金。民航二所成立了专门的课题组，由现在的物流技术公司董事长毛刚担任课题组组长，随后又正式组建物流技术公司，专业从事行李自动处理系统的研制与产业化，自主创新之路正式开启。

要从无到有研发一套真正意义上属于我国自己的行李自动处理系统，涉及机械设备与传动、自动检测与控制、编码与识别、信息处理与交换、计算机管理及系统集成等多项技术。而该系统每一个部分的设计、开发、安装、调试都没有可供参考的样本，需要物流技术公司的技术人员为此付出大量的心血。

在行李自动处理系统的研发过程中，课题组发现他们的产品与国外的先进产品有很大的差距，那就是还缺少最关键的核心设备——托盘分拣机。这个设备的突出特点就是分拣效率高，是传统分拣转盘的4倍以上，大型机场必须使用这种设备。但当时国际上仅有少数几家国外公司拥有该产品，垄断了整个国际市场。作为行李处理系统设备供应商，如果没有这个产品，就永远无法成为一流集成商。为此，从2008年开始，物流技术公司开始正式研发托盘分拣机。物流技术公司研发部经理杨秀清是托盘分拣机研制组的副组长，同事们都称她为"科研女侠"。她是民航二所引进的第一位女博士，也是班组中为数不多的女性。由于托盘分拣机设计和施工难度大，对工程精度要求高，一个部件就算出现一毫米的误差，都有可能造成设备运转不畅。在行李系统产业化示范基地，在托盘分拣机的组装测试过程中，为第一时间掌握工作总体进度，把控托盘分拣机的装配质量，深度了解托盘分拣机的测试情况，杨秀清经常去位于成都周边的新津基地，与同事们共同奋战在设备研发现场。

历经十余年的自主创新和不断迭代开发，民航二所成功研制出了国内首套完全拥有自主知识产权并且适合中国国情的行李自动处理系统。这套"托盘式高速自动分拣系统"，相比于传统的行李分拣设备更具优势。托盘式高速自动分拣系统的最大特点之一，就是"手脚麻利"、分拣效率高，最高时可达6000件/小时，速度是传统的转盘—推臂式行李分拣设备的3~4倍。除了手脚麻利以外，它的另一特点便是"轻手轻脚"。传统的推臂式行李分拣系统在传送行李时，主要是用机械力量把物品推过去。而托盘式高速自动分拣系统则拥有一双"大手"，可以让行李从传送带上轻轻地滑落到指定地点。这一系列技术突破，使得该系统实现了行李的快速精准注入、分拣以及高速平稳输送。

目前，该系统已经先后应用于重庆、天津、大连、沈阳、青岛、贵阳、南昌、合肥、石家庄、兰州、银川等六十余个机场，这些成就的取得不仅打破了国外技术垄断，还使民航二所成为世界第五家、亚洲唯一一家拥有该设备完全自主知识产权的生产商，推动和支撑了民航强国的发展计划实施。2017年，民航二所行李处理系统项目中标北京首都新机场，标志着民航二所自主创新迈上了一个新的台阶，不仅让民航二所彻底摆脱了在科技产业化道路上为了生存而奔波的现状，同时也对民航二所产品的品牌提升有着里程碑式的意义，它为我国自主研发的大型民航科技产品走向世界打下了很好的市场基础。

（资料来源：摘编自《中国民航报》2017年9月4日，第2版。）

建设民航强国是几代人的梦想。有一个梦，我们做了几十年，那就是让自主知识产权的国产大飞机飞上天空，走向世界。从运10到C919，是三代人完成的接力。中国大飞机之梦，始于运10。1970年8月，国家向上海飞机制造厂下达运10的研制任务。1980年9月26日，运10首飞成都，并先后多次转场到北京、哈尔滨、乌鲁木齐、昆明等地，7次飞抵拉萨。然而，由于种种原因，自1982年起，运10的研制基本停顿，至1986年，运10大飞机计划彻底终止。30年后，C919作为国之重器顺利登场，彰显的是中国民航人勇于担当、攻坚克难的态度和兢兢业业、严谨科学的精神。C919的研制方——中国商飞公司如今已有10000多名员工，他们中间有父子、有师徒，还有的是前一辈运10飞机研制者的孙子、孙女。老一辈民航人艰苦奋斗、科学严谨的精神激励着一代又一代的后人。40年过去了，现在的技术条件和生活条件都得到了极大改善，但老一辈民航人身上拥有的许多优良品德、创业精神和工作作风没有丢。不管社会上各种思潮如何激荡，民航业特有的文化得到了良好的保护和传承，必将在以后的历程中不断放射出特有的光芒。

第三节　严谨科学——民航人一直在路上

科技强国，民航先行。当前，民航强国建设构想以及民航"一二三三四"总体工作思路，为中国民航科技发展搭建了更为宽广的舞台；新一代信息技术与产业的融合发展趋势，为民航新技术、新模式与新业态的发展送来了东风。国家促进科技成果转化的政策逐步明晰，中国民航本身在技术、产品、服务与标准等方面"走出去"的呼声渐起，为提升我国民航自主创新能力和推动成果转移转化及产业化创造了有利条件。回顾历史，展望未来，严谨科学的专业精神将永远是不断推进民航事业发展的最强动力之一。

一　尊重科学，弘扬求实精神

求实的基本内涵是尊重科学、追求真理。求实精神是科学精神中最重要的基础。针对实事求是毛泽东同志曾经说过："'实事'就是客观存在着的一切事物，'是'就是客观事物的内部联系，即规律性，'求'就是我们去研究"。① 因此，科学的求实精神就是要把"实事"作为科学的研究对象，通过科学的实践去不断"求实"。习近平同志2009年视察兰考时把焦裕禄精神概括为"亲民爱民、艰苦奋斗、科学求实、迎难而上、无私奉献"。其中，"科学求实"作为焦裕禄精神的灵魂，体现的正是实事求是、调查研究的求实精神。在焦裕禄同志看来，实事求是、求真务实既是一种科学精神，也是一种工作作风，还是一种人生态度。为了改变兰考的落后面貌，他从兰考的县情出发，尊重客观规律，在短期内抓住了改变兰考落后面貌的"牛鼻子"。他笃信"吃别人嚼过的馍没味道"，通过深入的调查研究，他做出了治理"三害"的正确决策。他在兰考的470天中，对全县当时149个生产大队中的120多个生产大队进行了走访和蹲点调研。焦裕禄之所以能在短短一年多的时间改变兰考面貌，靠的就是科学求实的精神和作风。

民航的高度专业化和精细化的特点决定相关规章出台需要严谨科学、安全监管需要严谨科学、飞行作业需要严谨科学、管制指挥需要严谨科学、航行情报需要严谨科学、气象预报需要严谨科学、机务维修需要严谨科学、配载服务需要严谨科学、安全检查需要严谨科

---

① 《毛泽东选集》第3卷，人民出版社，1991，第801页。

学……千里之堤，毁于蚁穴。一次小小的"错、忘、漏"，都可能引发严重的安全后果。只有把每一项工作落实到位，将每一件事做具体，将每一个细节把握好，才能不出差错，确保飞行安全。

"不忘初心，牢记使命"是中国共产党人的不懈追求，也是全体民航人的不懈追求。遵从初心，离不开严谨科学的专业精神的支撑。行谨则能坚其志，言谨则能崇其德。机务工作艰苦、寂寞，但与机器打交道来不得一点差错，严谨、科学、专业，是 Ameco 北京基地党委副书记张祥泽毕生对自己的要求，也是他作为管理者在团队中传承的财富。二十年来，Ameco 无差错地完成各项重大航空运输活动与所有重要任务的机务保障，正是机务人严谨科学专业精神的最好体现。

故事6

云端忠诚　大国匠心
——记 Ameco 北京基地党委副书记张祥泽

确保飞行安全是民航工作的底线，也是最大的政治。机务保障是民航安全的基础，做好机务工作，首先是要敢于担当。"机库内和云端上，都是展现我们机务人忠诚担当品格的舞台。"张祥泽说。自 18 岁进入民航工作以来，张祥泽在四十余年的职业生涯里，始终坚持初心，始终踏踏实实，始终满怀对工作、对生活的无限热情，始终保持着对民航、对国家的担当和忠诚。而在他看来，他的身份始终是一名民航机务人，"不让飞机带着一丝疑问上天，确保飞行安全是我们最大的责任，也是最大的使命。"张祥泽温和而坚定地说。

纵观自己多年的职业生涯，张祥泽选择"踏实"二字作注脚。他说，自己始终秉承"踏实做人，踏实做事"，立足一线，做好本职工作，认真对待每一个人，无论大事小事踏实做好。

踏实的张祥泽，随着中国民航的发展而成长。他的能力、态度和思想，也一直是民航机务人的榜样。在工作的头几年，张祥泽吃苦耐劳，认真钻研，在工作现场始终是一路小跑，脏活累活抢着做，业务能力飞速提高，也得到了领导和同事们的一致好评。

"1980 年，我被中国民航派往莫斯科，担任机务代表。"谈及这段被外派的经历，张祥泽认为自己在这 5 年中成长飞快。"一个人在外的时光，让人思维更加全面、深入，你要照顾到所有面对的人，处理好所有遇见的事。"勤恳、踏实、专业而又细致的张祥泽得到了当时执飞莫斯科航线的许多飞行员的肯定，张祥泽也与他们都成为好朋友。莫斯科几乎全年天寒地冻，但常在室外检修的张祥泽一直一丝不苟。有较熟的飞行员照顾他，主动帮助他一起检查飞机以减少他受冻时间。张祥泽虽然是接受他们的好意，但对飞机的检修程序仍是一个不落。最具严谨精神的他在驻外工作中得到了全面的成长与锻炼。1984 年，他被评为驻外先进工作者。

回国后的张祥泽，开始逐步担任管理者的角色，先后担任民航北京管理局机务大队副中队长、中队长，北京飞机维修工程有限公司分部经理、总经理助理。1992 ~ 1999 年，张祥泽担任飞机维修分部经理。他严格管理、深化改革、积极提高员工素质，在国航机队规模大幅扩大的情况下，使飞机不正常千次率持续下降并保持在较低水平。1996 年，他所在的分部首次被评为"全国民航飞机维修先进集体"。

自 1999 年起，张祥泽开始负责特殊任务保障工作，并从 2009 年起担任原 Ameco 党委副书记、纪委书记。岗位在变，但张祥泽立足一线、严谨科学的专业精神和团结协作的工作作风始终未变。这些好的品质，Ameco 的员工们都看在眼里，记在心里。

项目办公室助理储兴会也是一名"80 后"的机务人。他坦言，在张祥泽手下干活永远要"如履薄冰"，事关安全绝不大意。"对张书记来说，每一次任务都是新的开始。在他的领导下，我们保障任何一架航班，都秉承着严谨精神，按照手册认真完成每一个程序"。

"张书记深具上海男人的细致和严谨，机务出身的他更具工匠精神，长期扎根一线也让他了解基层员工的心理和动态。在领导岗位上，他能因地制宜做好管理，让所有人团结协作起来。"纪检审计办公室副主任孙强说。

一幕幕画面，将张祥泽踏实、团结而又平易近人的形象勾勒得更加清晰。基层员工们还纷纷表示，张祥泽还是公司的"政委"，是他们的导师和大哥，是员工们最喜欢的述说对象和倾听者。无论大事小情，"只要找到张书记，必定会得到好的反馈和好的建议，无论他多忙，都会认真倾听每一个人的每一个牢骚，然后给出他的解决方案，无比负责，更令人暖心"。

（资料来源：摘编自中国民航网"最美民航人"系列报道。）

不积小流，无以成江海。民航发展离不开民航人的万众一心，也离不开民航先锋们撸起袖子加油干的创业精神。在民航这个关乎国计民生的特殊行业里，责任对于民航人来说不仅是一种意识、一种素质，更是一种担子、一种使命。安全责任、服务责任重于泰山，高于一切。责任感是民航人做事立身的基本条件和美德，责任心是民航事业运行、发展的基石。责任就是担当，就是不畏困难，勇挑重担，就是敢于负责，负责到底。高度负责，勇于担当，不仅是民航人应有的素质要求，更是严谨科学专业精神的具体体现，是广大员工内化于心的自觉行为。张祥泽就是民航人的优秀代表。兢兢业业始终如一的他，从来没有忘记为什么出发，他在云端里谱写忠诚，展现民航匠心，完美诠释了当代民航精神。

同样是机务工作者，南航广西分公司工程师陈韬，人送外号"技术帝"，15 年来参与排除飞机故障上万次，成为民航维修业界的一颗螺丝钉。受运行限制影响，飞机航后需要反复牵引，耗费了大量的维修时间及成本。为解决这一问题，陈韬召集大家一起收集数据、分析讨论，通过改进工作流程、降低飞机辅助动力装置的使用时间等方法，经反复测试，终于得出解决方案，每年为公司节约维修成本 570 余万元。2011 年，陈韬带领车间在南航率先制定了《发动机和轮舱油液渗漏检查和维护方案》。2012 年，陈韬开始着手研究解决"飞机在飞行中因门警系统故障灯亮导致飞机中断起飞或返航"的问题。这两项研究成果被南航股份机务工程部在全南航进行推广。针对较大的排故工作，这些年他共编写了培训教案 63 份，排故指南 25 份，放行指南 13 份，这些由"技术帝"亲手写下的资料，为后来加入飞机维修行列的"雏鸟"们提供了十分有用的技术指引。陈韬常说，自己的一生将有一半时间干机务，虽然拿起的是扳手，拧的是螺丝帽，保障的却是每一架飞机和每一位乘客的安全。在朝阳中送飞机起飞，在晚霞中迎飞机维护，真是莫大的幸福。

二　学习科学，弘扬创新精神

民航强国建设是一个既近又远、既难又可实现的奋斗过程。我国民航已经具备由大到强实现跨越式发展的必要条件，但基础规模和实力，尤其是在国际民航规则标准制定的主导权和话语权及引领国际民航业发展的创新能力上，仍旧与国际民航先进水平有很大差距。"十三五"时期是实现民航强国战略构想的关键时期，按照建设民航强国"两步走"的推进方案，至 2020 年我国将初步建成民航强国。推动民航高质量发展是新时代民航强国建设的本质。对于高质量发展的内涵，民航局局长冯正霖认为"高质量发展是坚持质量第一、效益优先，以供给侧结构性改革为主线，推动质量变革、效率变革、动力变革的发展。实现民航高质量发展，根本基础是坚持安全第一，坚守安全底线；核心要义是从重规模向重质量转变，重效益向重效率转变"。要推动民航改革和结构调整，实现提质增效、高质量发展的目标，离不开忠诚担当的政治品格、团结协作的工作作风、敬业奉献的职业操守，更离不开严谨科学、锐意创新的专业精神。

中国民航由于底子薄、起步晚，虽然这几年发展速度较快，但由于民航行业科技含金量高，我国民航科技发展程度早期又比较落后，大量国外跨国企业在 20 世纪八九十年代就进入了中国市场，导致中国民航科研人员自主创新，以及科研成果的产业化推广之路艰难而又曲折。然而，中国民航人对航空报国、自主创新的初心和使命从未放弃。

东北空管局空管技术开发公司潘庆革，在民航空管系统绝对大名鼎鼎，由于他凭着一颗"匠心"，在自主科研创新、打造民族品牌的道路上取得了累累硕果，中国民用航空东北地区空中交通管理局（简称"东北空管局"）党委、中国民用航空局空中交通管理局（简称"民航局空管局"）党委曾经先后发出了"向潘庆革同志学习"的号召，潘庆革的事迹频频出现在民航各大新闻媒体上。《挑战洋设备垄断的空管科技尖兵》《唯有国花分外香》《国货当自强》等文章都讲述了潘庆革同志在致力于民航设备国产化的道路上，勇于奉献、勇于进取、勇于创新的先进事迹。实际上刚开始潘庆革大学毕业后，分在专业并不怎么对口的通导技术保障部门。他从基层一路走来，用 20 年的辛苦努力换来了今天的成功，成为空管领域的科技创新领军人物，他执著追求的民航装备国产化之路越走越宽广。他带领的团队由初创时的几个人，发展到现在的一百多人；从当初的一穷二白，到现在获得这么多的奖项并取得了几十项专利，这个团队并且一直保持着团结、和谐、有创新力。面对未来，潘庆革坦言："民航装备技术的自主创新之路却是漫长的。单靠'拿来主义'装备中国民航，核心技术却受制于人，终究会在民航强国建设的关键阶段成为'瓶颈'问题。"为此，潘庆革进一步明确了公司未来的发展方向和发展战略，即坚持以建设民航强国为目标，以民航安全保障为导向、科研开发为龙头、技术创新为突破口、产品质量为主线的方针，使公司逐渐步入规范化、科学化的管理轨道，发展成为一支具有雄厚技术力量，用国产技术装备保障民航安全的科研队伍。

谁也不会想到，今天的中国民航会有自主研发的国产大型客机飞上蓝天。研制全新的商业飞机，绝对是世界上最折磨人的工程。为了中国的"大飞机梦"，C919 的总设计师吴光辉带领超过一万人的技术科研团队奋斗了近 10 年。参与 C919 研制的科研团队平均年龄低于 35 岁，1982 年出生于沈阳的刘若斯就是其中的佼佼者。

故事 7

"80 后"大国工匠：C919 飞机主任设计师刘若斯

在民航飞机制造方面，我国相对落后，飞天之路几乎从零开始，最初是模仿、学习，后来是边学边做。从"运十"到 C919 客机，中国民用飞机制造业在曲折中走过 30 多年。尤其是研制 C919 客机这八年，一路坎坷，走到今天极为不易。"运十"之后，中国民用飞机制造经历了 20 年"停摆"，大量老一辈的飞机工程师没活干而无奈离去；本应成为中生代的一批批航空器专业毕业生，难有机会在国内实现抱负。当国产大飞机项目启动时，聚在一起的主要是两批人：经过运十年代、头发花白的老专家和刚走出校园、一腔热血报国的年轻人。

"较真"，这是 C919 飞机的主任设计师兼机体结构集成 2 级工作包项目经理刘若斯从这些老师傅身上学到的最重要的两个字。2005年，刘若斯毕业刚进入上飞研究所的时候跟着的第一位师傅是戴书贵，这是一位飞机起落架设计方面的专家。做飞机结构设计，画图是其每日基本工作之一。"虽然我们在学校里有工程制图这门课程，但是实际应用当中的要求和学校学的根本不是一回事。"刘若斯回忆起自己的"菜鸟"时光。"大到虚线、实线、比例尺，小到标点符号错别字，老师傅们每一次看图都不会放过。画不好被退回重画是常事。"刘若斯说起老师傅在画图上"较真"这事还是"心有余悸"。"不认真怎么行呢？那可是天上飞的东西，装着人命呢。"戴书贵常说。经过十年沉淀，刘若斯已把"认真"二字融入工作并传递给了刚进入上飞研究院的新一代飞行器设计工程师。

2009 年，刘若斯担任舱门室主任，当时舱门室承担了 C919 舱门设计出图的任务，并且按照要求，刘若斯和他的团队必须在 60 天内完成这项出图任务。在做前期准备工作的时候，刘若斯发现还有很多技术问题跨不过去，一旦提高不了工作效率，项目组就根本无法在规定时间内完成任务。

问题如何解决？刘若斯发现，若有一款软件可以提高工作效率，问题就会迎刃而解。他找遍国内外各种资源，都没有现成的软件。怎么办？那就自己写程序编个软件吧。因为大学期间刘若斯自学了很多编程语言，正好在这个时候发挥作用。2009 年的清明节，刘若斯把自己关在屋子里三天，把 VB 等编程语言嵌套在 CATIA 中，成功设计出一个软件。这个软件帮助团队把原本需要两三天才能完成的工作缩短到两个小时。

"多亏了这个软件，我们在第 55 天的时候顺利完成了机舱门的出图任务。"对于这个软件，一直在结构部舱门室任职的武戎戎很有发言权。"工程师的工作嘛，就是不断发现问题，然后去解决问题。"刘若斯说。

面对紧缺的人力资源，刘若斯科学规划，统筹安排。第一步——"分"：成立综合管理室，把计划经费管理、系统集成管理、适航管理这些管起来，通过管理过程逐步改进，抽丝剥茧，化繁为简，减轻设计负担，保证所有设计员更专注于技术工作。第二步——"合"：专业互助、资源动态管理，对有些任务紧张的专业，就由其他相对宽裕的专业火线支援，例如中央翼支援舱门，中后机身支援前机身。从而自顶层确定了团队工作目标、工作思路、总体架构、人员组成、工作模式等，为团队管理细化和工作开展奠定了基础，也为推广团队改革积累了经验。在刘若斯的带领下，团队于2014年5月和9月首先完成了 C919 飞机大部段的交付工作，为 C919 飞机的总装奠定了坚实的基础。

（资料来源：摘编自 https：//baijiahao. baidu. com/s？ id = 1555843745105032& wfr = spider&for = pc。）

新的时代，唯创新者进，唯创新者强，唯创新者胜。坚持以科技创新为中心，以自主研发为重点，以服务民航为目标，以深化改革为动力，牢牢抓住民航基层一线需求，扎扎实实打牢发展基础，认认真真苦练创新基本功，争取为民航的科技创新做出更大的贡献，是中国民航一代代科研技术人员的信念与追求。一项项新技术的诞生，在促进民航业大发展的同时，也对全行业提出了更高的要求。广大从业人员需要以更强的责任心、更严谨科学的态度和作风来掌握和应用新技术，使民航发展得更快、更稳、更安全、更高效。

三　夯实"三基"，弘扬工匠精神

安全是民航的基石。"基础不牢，地动山摇。"强化"三基"，是解决当前民航安全问题和短板的治本之策，是坚守飞行安全底线思维的关键所在。"三基"建设不是一句口号，是一个严谨的系统工程。抓基层，关键在抓作风、抓协同、抓诚信。作风是基层保安全的标尺，协同是基层管安全的纽带，诚信是基层安全的通行证。打基础，核心在抓政策、抓规章、抓保障、抓防范。决策要科学、理性，规章要实用、易懂，保障要全面、可靠，防范要系统、精准。苦练基本功，绕不开三类人——专业技术人员、监管人员和各级领导干部。其要害在于抓专业技术人员的资质、技能和职业道德，抓监管人员的监管制度、技术和效能，抓领导干部对安全的忧患意识和风险防范心理。唯有用严谨科学的精神和态度夯实"三基"，飞行安全的底线才真正有了坚不可摧、牢不可破的基础。

民航"三基"建设需要工匠精神的引领。什么是民航人的工匠精神？它是职业能力、职业道德、职业品德的体现，其中包含严谨认真、精益求精、追求完美等要素。工匠精神既是对文化的传承，也是科学的创新；工匠精神不是传统的因循守旧，而是在传统基础上不断创造新工艺、推广新技术的过程，是传承与创新的并存。

在民航"三基"建设进程中，爱岗敬业的"劳模""匠人"辈出。飞机检测与维修，是飞行安全的重要环节。珠海摩天宇航发动机维修公司工程师张建平，30年兢兢业业耕耘在航空发动机维修领域，精耕细作，水滴穿石，从操作员到车间领班，终于成为航空发动机疑难杂症的克星。张建平30年的坚持，换来的是成本的降低和效率的提高，换来的是技术能力的增强。"我希望我身边的同事也像我一样，愿意做'穿石'的水滴。"张建平说。

"我是一个完美主义者，做什么事情都想把它尽力做到最好。"航空油料质量的"把关人"，中航油华南蓝天公司油品应用研究中心化验技师刘永清如是说；"不能因为工作中的事情单调、繁杂，就采取敷衍应付的态度。越是平凡的岗位，越能磨炼人的意志，越能体现出责任的力量。"重庆江北国际机场安检站安检员赵金鹏就是用这样兢兢业业的态度，坚守在空防安全的第一线，把守着空港的"安全之门"……以张建平、刘永清、赵金鹏为代表的分布在不同岗位的许许多多的民航人，以一种对自我负责、对社会负责的态度，将新时期的"三基"建设、劳模精神和工匠精神融于日常工作，树立起严谨科学、精益求精、追求卓越的职业精神。

故事8

永怀执著　清细如歌

——记党的十九大代表、全国五一劳动奖章获得者中航油
华南蓝天公司油品应用研究中心技师刘永清

在华南蓝天公司油研中心乃至整个中国航油，只要有人提到化验技师刘永清，人们都会异口同声地说她"为人低调，做事高效"。"细"是刘永清留给人最深的印象，"细"也贯穿了刘永清的工作、生活。2011年，她在中国民航航空油料化验员职业技能大赛中取得理论知识考试、实际操作比赛、决赛个人综合成绩3项第一名，并荣获2012年全国五一劳动奖章。日前，她又从国资委系统中脱颖而出，被推选为党的十九大代表候选人。

是起点　更是射线

"细"，是刘永清工作中的主动脉。无论何时何地，严把油品质量关都是刘永清心中坚不可摧的牢固信念。作为航空油品质量管理战线上的一名老兵，从业24年来，她出具的油品质量检验报告从未出现过差错，无争议率达百分之百，检验差错率为零。2010年的一天，在进口油全分析检验作业过程中，全部项目检验完成时已是凌晨2时，当时身为现场主任的她在全面核查所有检验结果时，发现有一个项目的检验结果虽然符合国际规格标准，但与该油品发出时的质量合格证比对，结果却差异较大。一般情况下，该批油品全分析检验已合格，批准正常接收入库也是可行的，但一贯认真严的工作作风，让她打起了十二分精神。她让疲惫不堪的同事先下班回家，自己则对该样品重新进行测试，在确认得出同样的检验结果后，她再次用标油对检测设备进行校准，以确保检测数据精准无误。全部验证测试完成时，等待她的竟是东方隐隐泛白。

是执著　更是责任

为了节约成本，提高工作效率，2008年，刘永清与中心其他几名同事一起制作了《现场质量检查操作培训系列视频教程》，并下发至华南蓝天各分公司，"那次是我们第一次自主策划、设计、自编、自

导、自行撰写解说词、自行拍摄、自行配音解说的视频教程，过程相当'坎坷'，光解说词就修改了七八次，配音更是反复了几十次。"作为主力成员，她对工作效果的完美程度有着异乎寻常的执著，同时也将"细"的工作作风带到团队的每个成员的心里。最终，此教程以规范的操作演示，覆盖了现场油品质量监控的全部项目，实现了现场油品质量检查操作知识最直接、最全面的传递，有效地避免了多层培训传递导致的过程偏差，在业内受到了广泛的好评。

2007~2008年，刘永清深入分公司生产一线，面对面培训了分公司现场质量检查员91名，夯实了华南蓝天公司油品质量安全基础。2009~2016年，作为油研中心骨干，她连续8年筹备组织华南蓝天公司油品质量管理研讨会，全面梳理并详细解读新版质量管理类行业标准，分析典型油品质量案例，提高了华南蓝天公司质量管理核心团队的专业素养及处理油品质量异常突发事件的能力，实现了团队的共同进步。自2009年起，她负责化验员业务能力考核工作，"细"是新员工在她背后对她的评价。但刘永清说："多年的工作经验让我明白，'细'对这份工作有多重要。"

连续8年，刘永清与公司油品质量管理团队一起，对公司储运系统进行全范围微生物专项监测活动，全面评估，有效防范了公司储运系统微生物污染风险，为在全行业内的推广积累了有益的经验。

是创新　更是发展

创新发展，是做强做优做大中国航油的法宝。近两年，油研中心技术团队在刘永清的带领下，"细"中大作为，相继启动了"航媒常规检验操作视频教程"拍摄制作、"检测能力管理系统"研发等项目，为油研中心打造"管理创新、技术创新、学习创新、思想创新"的团队打下坚实基础。在刘永清的办公桌上，摆放着一份关于《航空油品质量信息管理系统》的资料，这是她带领团队人员从"细"处着手，自2016年就开始的一项技术创新研发工作。其目的是通过借助物联网架构，采用北斗、手持移动终端、分布式处理技术、计算机网络技术与计算机管理系统结合，构建整个油料质量管理信息平台，对运油车等运输工具进行全程监控，并实现质量信息及相关记录无纸化传递及管理，以缓解日益凸显的各炼厂代表处和接收库站人力资源配置不足、油罐车及其质量信息管理模式陈旧带来的安全及质量保障瓶颈，确保油品质量安全。

"油研中心的核心工作就是保障油品质量，而检验的完善是没有尽头的。"油研中心经理李禄生说，"目前，我们正在设立'刘永清劳模创新工作室'这一优秀的新载体，不断发挥劳模的示范引领及带头作用，促进油品质量管理团队业务素质的整体提升，为公司的发展做出了贡献。"

（资料来源：摘编自中国民航网"最美民航人"系列报道。）

四 统筹安排，弘扬协作精神

民航是一个专业化程度较高、系统性和综合性很强的行业，任何工作都不是一个部门或几个人单打独斗能完成的。民航内部各个部门，各种专业，密切联系，相互依赖，共同组成一个有机整体。民航各项工作要正常运转，只有在各个部门、各个单位、各个集体协作的基础上才能实现。比如一个完整的过站航空器的保障作业流程中，通常要经过指挥落地、滑行入位、轮挡/锥筒摆放、廊桥/客梯车对接、客舱门开启、过站放行检查、航油加注、电源气源设备提供、货舱门开启、客舱清洁、配载及舱单上传、餐食配供、污水作业、清水作业、航行资料提供、机坪监管、航空器监护、货舱门关闭、客舱门关闭、廊桥/客梯车撤离、航空器除冰雪、轮挡/锥筒撤离、牵引车对接、航空器推出/开车、滑行起飞、管制移交等二十余个环节，任何一个作业环节都由不同部门或者岗位的从业者分别甚至同时提供，如果没有科学统筹的安排，没有相互配合协作，就有可能导致航空器保障作业拖沓，造成航班延误的严重后果；再如航空货运保障作业流程中，要经过货物的收运、过秤、安检、入库、保管、舱单制作、配载和货物组装、出库、地面运输、装卸、交付等各个环节，如果不科学统筹安排、相互配合协作，就有可能发生货物错运、漏运或其他问题，带来不良影响。民航工作的性质和特点，决定了民航内部各单位、各类专业技术人员在团结协作和密切配合问题上，比任何其他部门或职业要求更严，标准更高，而且还具有经常性、广泛性、持续性等特点。因此，民航全体从业人员，特别是广大专业技术人员，必须树立全局观念，服从组织安排，发扬协作精神，这是民航核心价值体系的重要内容。

航班正点率作为民航整体运输质量的反映，一直是社会公众关注的焦点，这是一项综合性指标。它是空管、飞行、机务、运输、地勤等各个部门协调合作、全体人员共同努力的结果。如果某一个部门、某一个环节上发生一点差错，一丝一毫的疏忽，都可能扰乱正常工作秩序，造成航班延误。协同决策系统（CDM）、机场协同决策系统（A–CDM）的建设运行是民航各单位服从大局、统筹安排、协调配合，共同打响航班正常保卫战的有力举措。2012年，为了减少旅客在关舱门后的长时间等待，华东空管局联合航空公司、机场等单位，自主研发了CDM系统。CDM运行是建立在空管、航空公司和机场三方协同的基础之上，因此华东地区管理局在CDM的建设之初就非常注重培育协同文化，倡导协同意识。为此，管理局提出了"六个统一"的基本建设思路，即"统一资金、统一管理、统一规范、统一开发、统一培训、统一运行"。华东空管局作为CDM建设的主导单位，成立了专项工作组，并下设业务需求组以及技术研发组。空管、公司、机场的业务运行以及技术研发人员在任务的一开始，就进行了充分的业务讨论以及技术验证。基本每一天会有针对运行规则、业务流程以及对接方案的专项讨论。有时候，业务讨论进行得相当激烈，但所有成员的目的只有一个：在系统上线之前，必须让运行规则能够达成一致！而规则确定后，全华东的CDM运行培训工作，也是在管理局的统一组织下，通过发文、视频会议以及专项培训等形式，系统性地做到了分层次、全覆盖。正因为有了这样的事前规划、充分讨论、统一培训，才会使整个CDM系统在上线之后有着超强的适应能力。几乎一夜之间，原先"上客申请制"的运行方式就被"时刻预发布"取代了。如此繁复的系统和工作，没有统筹合理的计划和安排，是不可能完成的。

研发具有自主知识产权的EMAS，对于中国民用航空安全具有重大意义，是中国民航加快科技创新，实施民航强国战略的具体体现。作为一项集多种先进技术综合开发而成的高科技产品，EMAS 的研发规模大、难度高、牵涉范围广，从项目提出到最终通过行业审定，都不是仅凭中国民航科学技术研究院（简称"航科院"）一己之力，而是凝聚了多方的智慧与心血。此次 EMAS 项目的成功是协调与整合各方面优势资源的成果，体现了严谨科学的当代民航精神的内涵：协作、开拓、创新。

故事 9

大协作助力 EMAS 成功

作为一项集多种先进技术综合开发而成的高科技产品，EMAS 的研发规模大、难度高、牵涉范围广，从项目提出到最终通过行业审定，都不是仅凭项目研发牵头部门中国民航科学技术研究院（简称"航科院"）一己之力，而是凝聚了多方的智慧与心血。正是协调与整合各方面的优势资源，众多单位齐心协力，为一个复杂安全产品的研发和试验验证开展了大协作，才保证了 EMAS 的快速研发成功。

类似 EMAS 这样大规模的研发，在中国民航史上尚属首次，既没有规章标准可遵循，也没有验证平台可利用，更没有组织实施大型复杂试验的经验可借鉴，这对航科院的研发和政府的审定工作都是一个大的挑战。然而，民航局的大力支持为 EMAS 的成功研发和验证提供了坚实的后盾。民航局领导高度重视，局党组多次研究讨论该项目，并专门成立了以李健副局长为组长，由机场司、航安办、飞行标准司、适航审定司、上海航空器适航审定中心等部门领导和行业专家组成的审定组，建立起相应的审定能力。

作为该项目研发的牵头单位，航科院将 EMAS 的研发与验证作为 1 号工程，成立了以院长书记为正副组长的项目组，打破部门界线、整合全院力量，组织成立了仿真模型、特性材料、试验测试、试验飞机、试飞机组、试验场地、应急救援 7 个专业小组，分工协作、紧密配合，全力推进各项工作，确保了项目高水平、高质量地完成。与此同时，航科院采取优势互补、内联外合的方式，充分利用社会科研资源，与中国飞机强度所、北京飞机强度所、民航第二研究所、中国建筑科学研究院、西北工业大学、四川大学等科研院所，在材料性能测试、台架试验平台研发、机载测试系统的建立、特殊复合材料的研发等方面开展了良好的合作，建立了相应的性能要求和指标，为 EMAS 的研发和验证奠定了坚实的基础。

EMAS 要投入实际工程应用必须进行真机验证试验，而民航没有自己的试验飞机和试验机场，这就需要解决试验飞机从何而来、能在哪个机场进行试验两大难题。在民航审定组选定波音 737 作为试验机型后，国航股份公司和工程技术公司的领导在试验飞机方面给予了极大的支持与帮助。在此基础上，国航还提供了为期半年的飞机托管与维护服务，解决了航科院缺乏飞机执管所需的工程资质和维修能力的难题。为了保证试验测试的精度，必须对飞机起落架上的测试传感器进行标定。国航在工作繁忙的情况下，克服困难安排试验飞机在国航工程技术公司天津分公司的机库中完成标定，占用了机库近一个月的时间，避免了风吹日晒、天气寒冷和在有风状态下标定的危险性。在此过程中，国航西南分公司、AMECO、北京飞机强度研究所也都为此做出了巨大贡献。

有了试验飞机后，还要解决试验跑道这个难题。EMAS 真机试验的特点决定了占用机场时间长、保障工作要求高、机场日常运行影响大，经多方选择，只有天津机场第二跑道有使用的可能。天津机场总经理闫欣明确表态："这是事关提升机场运行安全水平的好项目，是民航的大事情，我们支持这个项目在天津机场开展试验，并将全力做好相关保障工作。"

在一个正常运行的机场，开展 EMAS 验证这样的大型试验，既要满足验证试验的需要，又要保证机场的正常运行，涉及的层面和复杂程度可想而知。为了确保试验的顺利进行，还要解决试验期间空客飞机的交付试飞问题，空客天津 A320 交付中心提出了一个两全其美的计划。在长达半年的真机试验期间，空客指定专人协调相关事宜，使得试验与试飞顺利进行。当被问及空客试飞、机场运行与真机试验发生冲突，多方如何协调时，航科院试验场地小组组长舒平说："让我们非常感动的是，一旦出现冲突，机场、空管、空客等单位都能够出主意、想办法，提出具体的解决方案，确保试验的顺利开展。记得有一次，空客一个特殊科目试飞，与真机试验有冲突，经过多方协调，空客把第二跑道让出来供验证试验，其试飞飞机则转移到天津机场的运输跑道试飞。可以说，试验的顺利进行得益于天津机场、天津空管中心和空客等单位的鼎力支持。"

6次真机试验都是在冬季进行，而天津的冬季干燥寒冷，大风多雪，空旷的停机坪上的温度更是格外低。在每次协调确定试验后，留给铺装的时间都是很有限的，铺装的人员必须加班加点甚至需要通宵达旦地工作，才能按时完成任务。EMAS项目总工程师姚红宇告诉记者，试验期间，只要有铺装任务，经常都是在4时左右完成任务的。"试验成功后，还需要拆除拦阻床。我们不仅要感谢天津机场的大力支持，还要特别感谢首都机场无偿提供的除胶专用车和专业技术人员。"舒平在提到拦阻床拆除过程中得到的帮助时说。

正是行业内外的大协作，才保证了EMAS项目的顺利完成，而此次EMAS项目的成功也体现了科技精神的内涵：协作、开拓、创新。

（资料来源：摘编自《中国民航报》2012年11月21日，第4版。）

小　结

严谨科学的专业精神，其内涵既包括了当代中国民航人履行好本职工作所必须具备的专业技术技能，又体现了当代民航人为建设民航强国所必备的学习科学、尊重科学、实事求是、自主创新、精益求精的工作态度。它体现了当代中国民航人围绕民航事业的科学发展、安全发展的路径和方法选择，展示了当代中国民航人运用自己的聪明才智去完成民航强国战略目标的正确实践道路。在实现新时代中华民族伟大复兴的中国梦和民航强国梦的进程中，我们全体民航人要继续坚持严谨科学的专业精神，攻坚克难、创新图强、勇往直前，为民航强国梦而努力奋斗。

第四章
团结协作的工作作风

　　团结协作是指建立在利益、目标一致基础上的思想和行动的统一以及感情上的和谐。团结协作是一个历史范畴。自从人类社会出现以来，人们要以集体的力量去战胜自然，改造社会，这就有了团结协作的社会要求。团结协作不仅是人类生存的基本法则，更是人类幸福生活的基础所在。新中国民航六十多年的发展历程中，历经多次改革阵痛，坚持政企分开，坚定走企业化发展道路，从无到有，从小到大，从弱到强，取得了举世瞩目的成就。这些成就的取得，正是一代代民航人团结一心、协作发展、无私奉献的写照。团结协作，已经成为民航行业的基本形态和鲜明特征。

第一节 团结协作——中国民航的行业特质

一 团结协作的内涵

（一）中华民族对团结协作的认知

在我国，"团结"一词最早来源于近代女性的手工编织用语。"团"原指线团，"结"原指绕结。上海有个收藏家收藏了一个清代的木制绕线板，呈 X 形的犀牛角状，一端刻有"团"，另一端刻有"结"，说明这木制绕线板是用于团结编织线的。妇女把编织用的线成团地绕结起来，就变得很紧密，难以拆开。因此"团结"就有了和睦、不可离间的寓意。五四运动后，女性逐渐挣脱了家务的束缚，同男性团结一致，为人道而斗争，于是就把"团结"一词带入白话文，用以比喻为了集中力量实现共同理想或完成共同任务而联合。

协作，是指劳动协作，即许多人在同一生产过程中，或在不同的但互相联系的生产过程中，有计划地协同劳动。对一个组织而言，协作是指为实现预期的目标而用来协调员工之间、工作之间以及员工与工作之间关系的手段。协作能创造出一种比单个战略业务单元更大的收益，即实现协同效应。总之，为了实现共同的目标，充分友情地利用组织资源，集中团队共同的力量短时间内完成个人难以完成的任务是协作的主要优点。

团结就是力量，团结协作是人类共同的智慧结晶，是贯穿中华文明的一条红线。早在春秋时期，孔子就曾说过："君子矜而不争，群而不党。"（《论语·卫灵公》）。意思是说君子与人相处时，庄重矜持而不与人争执，团结合群而不结党营私。也就是要以平等心对待所有的人，不谀上欺下，不畏强凌弱，不拉帮结派。这里的"党"不是现代意义上的政党，而是指由私人利害关系结成集团，如"朋党""死党"。孔子在《论语·为政第二》还说过："君子周而不比，小人比而不周。"寓指"君子要与人团结，而不是互相勾结，结党营私；小人是相互勾结，结党营私而不讲团结"。孔子从政治和道德的层面，就人们在人际交往中对团结的把握和应持的态度，提出了自己主张和观点。社会影响意义十分深远。团结协作作为中华民族的传统美德，也是做好一件事、一项工作的根本。中国历史上，廉颇、蔺相如将相同心，使赵国面对强秦而不惧；戚家军上下齐心，击退了倭寇的侵扰。中华民族能历经千年而不衰，靠的就是这种以团结协作为代表的民族精神。

一个国家，团结协作可以长盛不衰；一个单位，团结协作可以健康发展；一个家庭，团结协作可以和谐美满。所以，无论是对于国家、单位、家庭，还是对于个人，团结协作都是极其重要的。可以说，团结协作是做好任何一件事情、一项工作的基础和根本。古语中的"天时不如地利，地利不如人和""人心齐，泰山移""万夫一力，天下无敌""两人同心，其利断金"等一系列的经典名言，是中华民族传统文化对团结协作精神的凝练，无不闪耀着我国古人、各民族对团结协作认识的智慧之光。

在许多现代论著中，不少把团结协作精神称为"团队精神"或"团队意识"，多指组织成员对组织感到满意与认同，自觉地以组织的利益和目标为重，在各自的工作中尽职尽责，自愿并主动与其他成员积极协作、共同努力奋斗的意愿和作风。

（二）西方文化对团结协作的理解

学术界普遍认为，现代西方最早使用"团结"一词的是法国。正是在法国大革命的背景下，在自由派与保守派、反对革命者之间的对立和论战中，现代的团结概念得以形成。团结起初是一个政治术语，主要是描述一个群体的社会联系（Social Bonds），即集体责任。之后，"团结"一词被慢慢地人文化和世俗化，逐渐被赋予了道德与政治内涵。

马克思与恩格斯的社会主义政治思想赋予了"团结"更为鲜明的形象。实际上马克思很少使用"团结"这个词，并且担心"兄弟关系概念过于普通，以至于很容易模糊阶级利益"，但是马克思与恩格斯仍然提出一种国际工人阶级团结理论。这个理念在《共产党宣言》的战斗口号"全世界无产者，联合起来！"中得到了明确表达，这里所讲的"联合"就是团结的意思。几年后，马克思在《国际工人协会成立宣言》中指出："过去的经验证明：忽视在各国工人间应当存在的兄弟团结，忽视那应该鼓励他们在解放斗争中坚定地并肩作战的兄弟团结，就会使他们受到惩罚，——使他们分散的努力遭到共同的失败。"[①] 在马克思和恩格斯的思想中，阶级团结是消灭资本主义的社会革命的手段，只有这样才能开启通往共产主义的社会团结之路。

列夫·托尔斯泰曾说过："个人离开社会不可能得到幸福，正如植物离开土地而被抛弃到荒漠里不可能生存一样。"叔本华说过："单个的人是软弱无力的，就像漂流的鲁宾孙一样，只有同别人在一起，他才能完成许多事业"。歌德也曾说过："不管努力的目标是什么，不管他干什么，他单枪匹马总是没有力量的。合群永远是一切善良思想的人的最高需要。"这些伟人对"团结"的言论，深刻揭示了团结协作在西方世界的重要作用。

在西方的教育理念中，团队精神（Team Spirit）是衡量一个人能否胜任工作的一项重要标准。在学生日常的学习任务中，需要一个团队通力合作完成的作业数不胜数。若想在这样的团队合作当中取得理想的成绩，则要求每一个成员都要为了同一个目标而努力。而当学生们经过在学校中的无数次团队合作之后，自然而然地就习惯这样的合作模式，同时也会把团队精神（Team Spirit）发挥到淋漓尽致，以取得更好的成绩和成效。虽然在某种程度上说，西方人比东方人更加重视个人意识和性格，但在团队合作过程中，即使能够允许个性发挥，西方人的首要前提也是不能影响整体大局的方向。因为只有这样才能够体现团队精神（Team Spirit）的重要性，并且取得满意的成绩。

---

① 《马克思恩格斯文集》第3卷，人民出版社，2009，第14页。

可见，无论是在古代还是在现代，是在东方还是在西方，许多现实的事例证明：无论是一个国家还是一个团体，甚至一个部门，如果仅仅依靠领导的殚精竭虑而没有员工的积极参与和响应，这个团队不是有效的团队；仅仅依靠某一个或某几个所谓的精英人士孤军奋战，而没有团队成员的协作与支持，这个团队也是注定要失败的。

"一个好汉三个帮，一个篱笆三个桩。"在现代化大生产条件下，整个世界的联系越来越紧密，人和人之间需要团结协作，部门与部门之间需要团结协作，企业与企业之间需要团结协作，行业与行业之间同样也要团结协作。一名具有团结协作精神的员工才能实现个人价值，一支具有团结协作精神的队伍才能促进企业（行业）的生存和发展。

（三） 社会主义核心价值观中和谐价值观的内涵

和谐，是中国古人的一种社会理想，是植根于东方文化的一种独特价值追求。有人说，从字面上看，"和谐"就是人人都有饭吃，人人都能开口说话。这话虽然有点望文生义，但也不无道理。实际上，和谐，是指人与自然、人与人、人与社会那种特别协调、恰到好处的状态。按《现代汉语词典》中的解释，和谐即配合得适当、和睦协调。《辞海》则将和谐与协调并称。概括地说，和谐是对立事物之间在一定的条件下具体、动态、相对、辩证的统一，是不同事物之间相辅相成、相反相成、互助合作、互利互惠、互促互补、共同发展的关系。这是辩证唯物主义和谐观的基本观点。

"富强、民主、文明、和谐"，是我国社会主义现代化国家的建设目标，也是从价值目标层面对社会主义核心价值观基本理念的凝练，在社会主义核心价值观中居于最高层次，对其他层次的价值理念具有统领作用。将"和谐"纳入社会主义核心价值观，主要体现了我们党对建设和谐社会的价值追求。和谐是社会主义现代化国家在社会建设领域的价值诉求，是经济社会和谐稳定、持续健康发展的重要保证。

1. 和谐是世界万物存在的根据和发展的动因

在古代中国，和谐同样被视为万事万物存在的根据和发展的动因。据《国语·郑语》载，西周末年，著名思想家史伯就说过："夫和实生物，同则不继。以他平他谓之和，故能丰长而物归之。""和"即不同元素的结合，是万物生存、发展的基础，"同"即简单的同一，不能产生任何新的东西。所以，《荀子》说："万物各得其和以生，各得其养以成。"可见，"和"既是万物"生"的根据，也是万物"成"的"达道"。

2. 追求和谐是中华民族的优秀传统

"和谐"是中国传统文化的核心理念，它贯穿于个人修为、国家治理、社会建构等各个层面。在个人层面，和谐是一种重要的修养目标。孔子说："君子和而不同，小人同而不和"。儒家认为，若要有君子之修，必须善于兼听各种不同的声音，协调各种不同的关系。道家庄子说："天地与我并生，而万物与我为一"，认为天地万物与我之间是一种共生共存的关系，即物我相通，和谐如一。

强化"和"字，首先是要讲团结。和的本质就是团结。俗话说："懂团结是大智慧，会团结是大本事，真团结是大境界。"团结协作，和谐共事，以"出于公心干事、为了团结尽力"自励，共事共心，同向同力，众志成城，努力营造一个观念一致、步调一致的良好工作氛围，齐心协力建设一个风正、气顺、心齐、劲足、团结、和谐的统一集体，是社会主义核心价值观下的和谐价值观的第一个层面。风正，才能气顺；气顺，才能心齐；心齐，才能劲足；劲足，才能成事。这样，才能克服"一言堂"，才不会发出"两种声音"，这样，才有公信力和权威性，才能出智慧、出成绩，才能出干部和出人才；也只有这样，才能化一切压力为动力，才能使所有难题迎刃而解。

其次是要能包容。伟大的事业要有博大的胸怀，在行动上落实"和"字，其核心就是包容。包容是一种社会文明。它是对人要大度、宽容，为人要厚重、厚道，心胸开阔，襟怀坦荡，有容人、容事、容言的气度和雅量。对别人不恭不敬之言不计较，容得下话；对不利于己甚至伤害自己的行为不怨恨，容得下事；别人的优点虚心学习，容人之长；对别人的缺点正确看待，容人之短；对别人的错误不记旧账，容人之过。这些都是和谐价值观的另一个层面的重要表现。当然，宽容绝不是不讲原则、不分是非，要容当其时、容当其事、容当其人。同时也要包容不同见解，包容失误失败，包容特性与个性。要做到在宽容中求合作，在忍让中谋合力，从而达到团结协作、和谐共事的目的。

团结凝聚力量，和谐成就伟业。社会主义核心价值观中的和谐价值观是中国特色社会主义的本质属性，是国家富强、民族振兴、人民幸福的重要保证。民航强国、交通强国战略目标的实现，离不开团结协作的精神支撑。

二　团结协作的本质和作用

从字面上来看，团结协作就是协调两个或者两个以上的不同资源或者个体，齐心协力地完成某一目标的过程或能力。有人做过统计研究：通常一个人在日常工作中，80%的事项，都需要与同事协作完成、与其他部门协调资源，或者向领导进行请示汇报；80%的工作都处于开放的环境，如特殊请求、突发事件、临时汇报、项目协作、活动组织、意见征集、沟通协调等。团结协作，可以使很多处于随机和发散状态的工作实现有序化、可跟踪化、可追溯化，实现工作的敏捷性与有效性的统一，简单来说，就是让工作产生 $1+1>2$ 的效果。

（一）人类生存的最高智慧

清初思想家唐甄说："天下之势，单少则平，积多则神。"沟壑之水，声色平淡，无力可言；当其汇成江河，浩浩荡荡，奔腾澎湃，摧枯拉朽，其力何其巨大。在自然界中，"水水相连江浩荡，峰峰牵手山雄浑"，自然景物相依相连，才形成雄伟壮观的景色。世界上最高大的植物当属美国加州的红杉，据考证，最高的红杉可达100米。一般而言，越是高大的植物，根扎得也会越深，但是红杉的根只是浅浅地浮在地表。通常我们认为根扎不深的高大植物是非常脆弱的，大风有可能把它连根拔起。可是高大的红杉却生长得很好，这是为什么呢？原来，红杉不是独立长在一处，而是一片一片形成足以抵挡大风的红杉林，这就是团结的力量。

人类也是如此。在早期蒙昧洪荒时期，人们的生存环境极为恶劣，生产力水平极为低下，人类为了生存，必须协同合作，共同劳动，方能生存，这是团结协作精神最初的存在形式。此外，在人类历史上有记载的战争中，无论是国内的还是国外的，无论其是正义的还是侵略的，其共同的属性就是：但凡胜仗都是"上下一心，团结协作"，反之，则溃败得一塌糊涂。以我国解放战争时期三大战役中的淮海战役为例，该战役自 1948 年 11 月 6 日至 1949 年 1 月 10 日，历时 66 天。这场震惊中外的国共大决战，我人民解放军在兵力、装备及作战条件均不占优势的情况下，最后取得决战全面胜利。之所以能取得如此辉煌的胜利，主要在于中央军委、总前委的正确决策，华东野战军、中原野战军的密切配合，指战员的英勇作战和人民群众的全力支援。该战役生动地展现了团结协作是克敌制胜"法宝"，是取得战争胜利的保证。

当今社会，交往和协作能够满足人们自我实现的心理需求，实现 1 + 1 > 2 的质的突变。人们为了满足生存、安全、心理归属和自我价值的实现等心理需求，必须与他人协作。人们只有置身于团体中，通过自己与周围人的比较，才能找到自己在社会及团体中的位置，获得他人的肯定与褒奖，从而使自我价值和职业理想得以实现。

（二）　通往事业成功的桥梁

毛泽东同志早就说过："团结一致，同心同德，任何强大的敌人，任何困难的环境，都会被我们战胜的。"[①] 他还主张"不但要团结和自己意见相同的人，而且要善于团结那些和自己意见不同的人，还要善于团结那些反对过自己并且已被实践证明是犯了错误的人"。[②]

在当代科学研究中，很多重大课题单靠某一科学家、某一单位甚至某一国家，根本无法实现和完成。因此，团结协作、相互配合，成为科研活动的必要之举、事业成功的桥梁。

---

① 《毛泽东文集》第 3 卷，人民出版社，1996，第 22 页。
② 《建国以来重要文献选编》第 19 册，1998，第 71~72 页。

1962 年获得诺贝尔医学奖的 3 位科学家分别是克里克（英国）、沃森（英国）和威尔金斯（美国）。其中一个是做 X 射线衍射分析的，一个是研究病毒分子结构和蛋白质生物合成的，还有一个是研究微生物遗传的。他们相互学习、优势互补，合作提出了 DNA 分子与双螺旋结构及其对生物遗传信息传递的意义。这一成果被认为是 20 世纪生物学中最重要的发现。实际上就在克里克、沃森合作研究 DNA 分子与双螺旋结构的时候，英国另一位著名女生物化学家富兰克林已完成此项研究的大部分工作，而且其设备、声望都远远超过克里克和沃森。但由于她不愿意与同行交流，处于孤军奋战的状态，她的研究只差一步而未能取得关键性的突破。这个案例充分说明唯有团结协作才能出重大成果，不愿或忽视团结协作就有可能止步于通往成功的路。

在我国，团结协作同样助推科技和社会发展。没有千千万科研工作者的团结互助、全国协作大攻关的精神，就不会看到"两弹一星"的伟大成就、中国高铁的风采、C919 国产大飞机的下线等；没有互相合作和拼搏精神，中国女排就不可能在赛场上获得前无古人的"五连冠"，雄踞世界女排之巅……团结协作，创造了中国科学研究史上的辉煌，成就了参与者的伟大事业。

许多事实充分说明，现代科学技术相互渗透、兼容，这已经成为常态。在科研过程中，某一学科中并非先进的思路或技术，很有可能就是解决另一学科难题的关键；某些事情看起来不可思议，而很多新的发现正是从不可思议的事情中诱发而来……善于团结协作的科学家们思想火花的碰撞，正是伟大成果诞生的前奏。

（三）中国共产党执政的旗帜

中国共产党是一个团结统一的执政党，《中国共产党章程》第三条对党员义务做出明确要求，要维护党的团结和统一，对党忠诚老实，言行一致，坚决反对一切派别组织和小集团活动，反对阳奉阴违的两面派行为和一切阴谋诡计。自觉维护党的团结和统一，是党在长期革命和建设中形成的优良传统，是党开展工作的一面鲜明的旗帜。

中国共产党拥有 8700 多万党员，在一个幅员辽阔、人口众多的发展中大国执政，如果没有铁的纪律，就没有党的团结统一。十八大以来，习近平同志多次强调维护党的团结统一的重要性。党的团结统一，关系党的凝聚力和战斗力，关系党的领导能力和执政能力，关系团结带领全国人民全面建成小康社会、夺取中国特色社会主义建设事业新胜利。

2016 年 1 月 29 日，习近平总书记在中央政治局会议上，对加强党的领导提出明确要求，强调只有增强政治意识、大局意识、核心意识、看齐意识，自觉在思想上、政治上、行动上与党中央保持高度一致，才能使我们党更加团结统一、坚强有力，始终成为中国特色社会主义事业的坚强领导核心。这一深刻论述，不仅为各级党组织全面从严治党指明了方向，而且为党员干部修身做人、谋事创业提供了重要遵循。

新时期，要确保全党团结统一，党中央要求各级领导干部要有看齐意识，自觉向党中央看齐，向党的理论和路线方针政策看齐。只有增强看齐的政治自觉，做政治明白人，方能自觉维护中央权威，维护党的团结统一。党的团结统一是党的力量所在，是实现经济社会发展、民族团结统一、国家长治久安的重要保证。

党的团结统一，是党的一面旗帜。团结党外人士，是党始终保持的一项优良传统。中国新民主主义革命的三大法宝，排在首要位置的就是"统一战线"，其目的是团结一切可以团结的力量，战胜敌人。新时期，党所肩负的使命任务发生了重大变化。越是变化大，越是要把统一战线发展好、把统战工作开展好。做好新形势下统战工作，搞统一战线，就是为了壮大共同奋斗的力量。

（四）　新时代实现梦想的力量

有一种力量可以让人坚忍不拔，那便是团结的力量；如果说有一种力量可以让人自信满满，那便是团结的力量；如果说有一种力量可以让人心头一暖，那便是团结的力量。

在新的历史时期，重温历史，是为了更好地前行。1997 年香港回归祖国，1999 年澳门回归祖国……中华民族的复兴，中国梦的实现，需要所有的中华儿女凝聚在一起，团结越紧，力量越大。2003 年 11 月 11 日，习近平任中共浙江省委书记时，撰写的《打好"团结牌"》一文指出："一个手掌，摊开是多个指头；握紧就是一个拳头；只有靠'众人拾柴'和'三个臭皮匠'之力，工作才能做好。""实现中华民族伟大复兴是十分伟大而又十分艰巨的事业，需要全体中华儿女众志成城、万众一心，把一切力量都凝聚起来，把一切积极因素都调动起来"，艰巨的事业需要强大的力量，伟大的复兴需要共同的奋斗。

团结，是为实现中国梦注入力量，事关中华民族伟大复兴大业。中国梦，是大陆同胞、港澳台同胞和海外侨胞共同的梦。团结统一的中华民族是海内外中华儿女共同的根，博大精深的中华文化是海内外中华儿女共同的魂，实现中华民族伟大复兴是海内外中华儿女共同的梦。

团结，事关祖国统一和富强进步。只有相互了解、相互尊重、相互包容、相互欣赏、相互学习、相互帮助，"像石榴籽那样紧紧抱在一起"才能共同为中华民族伟大复兴贡献力量，共享祖国繁荣发展的成果。

第二节　民航团结协作的文化及其传承

马克思主义哲学告诉我们，事物的发展是螺旋式前进的。成就伟大的事业，实现个人的梦想，绝不会是一帆风顺，一蹴而就的，需要人们勇于探索，艰苦奋斗，付出极大努力才能实现。中国民航六十多年的发展历程表明，团结协作已经成为民航行业文化属性和从业人员职业道德的一种重要表现形式，内化为当代民航从业人员的一种重要的道德品质。新中国民航的发展历程是对全体民航人团结协作精神的生动诠释。

一　团结协作是中国民航的优秀传统

1949 年 11 月 2 日，中国民用航空局成立，揭开了我国民航事业发展的新篇章。从这一天开始，新中国民航迎着共和国的朝阳起飞，从无到有，由小到大，由弱到强，经历了不平凡的发展历程。特别是十一届三中全会以来，我国民航事业无论在航空运输、通用航空、机群更新、机场建设、航线布局、航行保障、飞行安全、人才培训等方面都持续快速发展，取得了举世瞩目的成就。2017 年，中国民航完成运输总周转量 1083.1 亿吨公里，旅客运输量 5.52 亿人次、货邮运输量 705.8 万吨，对世界民航增长贡献率超过 25%，对亚太民航增长贡献率超过 55%。这些可喜成绩的取得，是一代代民航人励精图治、团结一心、协作奋斗的结果，他们为祖国蓝天事业书写了壮丽的篇章。

作为一个成本投入高、科技含量高、运行风险大，专业性、技术性和系统性强的行业，民航的生产运营是一个涵盖航空公司、机场、空管、服务保障、监管等多个子系统的复杂的巨系统。短短几十年来，中国民航历经数轮改革洗礼，在经历阵痛和发展的过程中，民航行业的内部分工越来越细，机场、航空公司、空管、油料、服务保障、行业监管等单位自成体系，各司其职，呈现专业化、精细化、科学化和规范化的鲜明特征。"人心齐，泰山移"，随着分工的进一步细化，要实现民航安全高效顺畅运行的基本目标，必须要各子系统、各单位、各部门之间团结一心，群力协作。

有人做过统计，一张机票的背后有 115 个民航人在守候。他们有的在台前，兢兢业业；有的在幕后，默默无闻。他们的名字是订票员、接线员、值机员、消防员、安检员、地服员、清洁员、配餐员、厨师、情报员、气象员、签派员、运控员、配载员、信息员、飞行员、乘务员、特种车司机、配餐车司机、货运员、机务工程师、拖车司机、清水车司机、污水车司机、加油员、廊桥操作员、空中管制员、引导车司机……他们在各自的岗位上有条不紊地为每一位旅客服务。若出现大面积航班延误，他们的工作量还会大大增加，各个岗位更需要紧密配合，团结协作。

民航各单位、各部门除了在日常工作中要紧密配合以外，在重大紧急航空运输保障任务中，"全国民航是一家"的团结协作的行业特质更是表现得淋漓尽致。

2008年，在奥运航空运输保障的"赛场上"，中国民航创造了一个又一个"历史纪录"：共保障涉奥飞行9278架次。其中残奥会航班2085架次，共保障涉奥人员抵离131639人，其中保障残疾旅客21108人，轮椅旅客3061人；同时还安全保障了近80万架次的正常航班飞行。8月7日首都机场飞行量达到1339架次，高峰时段保障94架次。

保障机型最多。除目前航班通用机型外，保障的专机、公务机机型多达35种，不亚于大型航空展览。世界客机巨无霸A380也在奥运会期间光临首都机场。

贵宾抵离时间最集中。84位注册国际贵宾在奥运会开幕前夕集中抵京。在整个奥运会期间，共保障各国元首的专机248架次，国际贵宾1395批，共计9286人。

保障形式最复杂。涉奥航班、专机、公务机纷至沓来，首都机场专机楼、公务机楼和三个航站楼同时保障，京外六个赛场城市机场保障工作同时进行，贵宾、运动员等保障任务多头并行。

持续时间最长。从7月1日进入实战状态，到9月22日圆满完成奥运保障任务，前后共计84天，成为中国民航历时最久的大型航空运输保障活动。

投入保障资源最多。中国民航投入700多亿元，完善了机场、空管、安保、信息系统等奥运保障基础设施；奥运会期间，有22万中国民航人投入奥运保障服务。

这一个个历史之最，饱含着全体民航人所付出的巨大努力。中国民航出色的奥运服务保障得到了党中央、国务院领导的充分肯定，得到了北京奥组委的高度赞扬，也受到了奥运和残奥大家庭成员以及各国运动员的一致称赞。时任中国民用航空局局长李家祥说："奥运为中国民航留下了许多宝贵的遗产，为今后的重大航空运输保障提供了可以参照的范本。为奥运会和残奥会而投入的各种设备设施，提高了民航的硬件水平。更为重要的是，奥运保障使得民航的服务理念有了质的飞跃，民航人的工作态度和工作热情得到了升华，为建设民航强国留下了最为宝贵的精神财富。"

故事 1

奥运专机保障高峰

8 月 26 日，随着最后一架涉奥专机——尼泊尔总理的专机从首都机场呼啸而起，中国民航圆满完成了奥运专机的保障任务。

奥运会期间，涉奥专机架次之多、起降密度之高、贵宾人数之多，均打破了民航保障的历史纪录。截至 8 月 31 日，138 架次的涉奥自备专机得到了圆满保障，保障工作实现了"安全、快捷、高效、优质"的目标。

8 月 7 日，抵达北京的专机数量达到峰值——54 架次，涉及 83 个国家的 84 名外交部注册贵宾。54 位国家元首、16 位政府首脑、9 位王室成员、4 位元首夫人都在当日到达北京。这是中国民航有史以来保障专机最繁忙的一天。

专机保障是需要各单位、各部门密切配合的系统工程，如此大规模、高密度的抵离，如此高规格的保障，中国民航是如何为奥运专机提供顶级、最安全的服务的呢？

专机抵离：信息每天上千条，变化快，变化多，保密性强

要同时保障如此大规模的专机抵离，信息的重要性凸显。可以说，信息是一切行动的源头，没有信息，服务就没有针对性。为此，专机办从 8 月 1 日起正式运行，其主要职能之一就是在奥运会期间协调保障专机的抵离服务，而信息的协调发布又是其工作的重中之重。专机保障信息变更快，变化多，保密性强，每天，专机办要接受 10 个单位上百条甚至上千条信息，经过科学分析核准，再向负责机场运行保障的 18 个单位发送完整的信息六十余次，形成一个信息传递网络。

在统筹协调过程中，专机办不仅同驻场单位建立起了横向联系，还与国务院、协调委、奥组委、民航局等单位建立起了纵向联系，特别是与外国政要代表团的中方陪同等建立起了即时联系，增强了机场各部门之间、民航跨部委的联动机制，通过每日与各机构、单位召开的协调会，及时汇总、分析奥运运行保障期间遇到的问题，共同梳理解决方案，快速、高效地保障奥运运行。为防止专机因起飞时间变化或航行加速而提前降落，从而造成地面保障措手不及的情况，专机办要求严格执行临时飞行任务前地面人员提前两小时到现场的规定；根据外交部等相关部门的建议，合理安排国家元首政要的专机停机位；确定了各涉奥备降机场的保障能力和服务流程，及时掌握备降机场的天气情况和备降能力，通过协调委与各备降机场当地政府保持实时联动。

专机空中指挥：航班间距是普通航班两倍，管制员有"暗号"

奥运专机保障难度不仅在于专机量大。表面上看，管制员指挥专机和指挥普通航班并没有什么差别，但实际上是不同的。比如，在同一水平高度上，专机要求航班的间距是普通航班的两倍，而专机落地时的间隔也是普通航班的两倍，管制员在指挥时必须满足这些要求。飞机的位置不断变动，飞行时刻不确定，每架飞机的保障需求不同，这极大地增加了管制员的工作难度。

华北空管局北京区域管制中心副主任马兵介绍说，在管制员面前的雷达屏幕上，每一架飞机旁边都有一系列的字母和数字，代表着飞机的信息。由于专机、公务机、涉奥航班和普通航班有差别，字母中设定了"暗号"，管制员一看就知道这架飞机到底是什么标准。如果是专机，就要严格按照专机保障方案来执行。

每天22时，华北空管局奥运空管领导小组都会召开专机保障指挥会。会上，气象中心通过天气预报，根据天气情况和预定的专机计划，考虑可能出现的问题和解决方法，具体布置专机任务。

在高峰时段，北京区域管制中心增开了两个扇区，也就是将原有的空域划分成更多部分，同时在对应的扇区内，加大了人员力量。高峰来临前的半个小时左右，这些扇区的管制员就会被全部调整为英语好、业务精的人员，同时增加一名主任管制员以上级别的管制干部支持扇区指挥，区域管制中心的副主任则要一直监控这几个扇区。

专机地面指挥：指定区域停放，一切都在提前计划之中

奥运专机保障最为特殊的地方，就是短时间内航班高度集中。抵离时间过于集中，容易造成短时间内机位资源短缺状况。另外，由于保障面广，需要协调驻场各单位，任何一个流程和环节组织不到位，都有可能影响机场的整体保障工作。

针对专机保障，首都机场运行监控指挥中心（TAMCC）联合公安分局、空管、地面代理等关键单位，在现场设置了临时指挥部，全面负责专机的指挥调度和突发事件处置。他们提前与空管、地面代理、航空公司等单位就停机位分配、航空器滑行路线、车辆设备摆放、行李货物保障、旅客及机组保障等问题进行了研讨，并提前进行现场演练。

601 机位是专机主要停放的近机位，机坪管理人员要负责安排引导。专机航班的航空器引导员，在执行专机任务前要对所使用车辆及设备进行检查，并在专机保障任务执行前两小时完成对专机现场环境卫生及设备摆放情况的检查，对专机机位和相应活动区域的适用性进行确认，包括环境卫生、设备设施摆放、飞机滑行路线道面、专机使用跑道、滑行道灯光情况等。机坪监察则要依据通知的时间关闭南通道，并设置相应提醒标志。运行监控指挥协调员在保障过程中如接到升国旗的通知，则要带领机坪监察员在指定时间内赶到现场等待警务处人员送来国旗，并在指定时间内升起国旗。

（资料来源：摘编自《中国民航报》2008 年 10 月 3 日，第 1 版。）

2008 年的奥运保障仅仅是中国民航人团结协作、勇挑重担、为国争光的一个缩影。很多重大航空运输任务中，各级领导和管理人员亲临一线，靠前指挥，与员工们并肩战斗。多少个不眠之夜，多少天连续作战，多少人舍家不顾，民航人无怨无悔。在他们身上，充分体现了为国争光的爱国精神、艰苦奋斗的奉献精神、精益求精的敬业精神、勇攀高峰的创新精神和团结协作的团队精神，这些精神作为推动民航事业发展的强大动力，永远存在。

二 团结协作是不辱使命的重要保证

中国民航是由行业管理部门、航空公司、机场、空管、油料等相关保障单位组成的环环相扣、精密复杂而有效运行的现代服务性组织系统。这个系统中的成员有的需要直接面向旅客提供运输服务,如航空公司和机场等;有的只是通过服务于前者而间接服务于旅客,如空中交通管制、航空油料、政府机构等。他们服务的方法、方式虽然千差万别,但其最终目标都是落实周恩来同志提出的"保证安全第一,改善服务工作,争取飞行正常"的要求,更好地完成航空运输任务。

全国联动、系统性强,是民航这个服务行业的突出特点,也可以说是行业优势。在国家遭遇突发灾难情况下,民航行业的团结协作,是不辱使命,保证抢险救灾等急难险重任务顺利完成的重要保障。无论是海外紧急撤侨还是国内重大保障任务,中国民航展示着"接到命令,即刻出发"的执行力,彰显着虽远必至的大国情怀。

在"一带一路"国际合作高峰论坛保障任务中,中国民航主动承担社会责任,切实做好航空运输保障、空防安全和公安保卫、安全生产、安全监管、应急处置等工作,确保航班运行安全顺畅,并强化协作配合和责任担当,服务保障能力更上新台阶。为确保高峰论坛航空运输保障工作万无一失,中国民航切实增强政治意识、责任意识和大局意识,发扬严谨细致的工作作风,牢固树立安全运行的底线思维和红线意识,认真制定和完善各项防控保障措施,完善各类预案,提高应急处置能力;各单位协同配合,确保各类信息准确、传递及时、渠道畅通,共同做好保障工作。在"大考"面前,中国民航胸怀全局、勇于担当,把保证安全和真情服务作为对国家、社会的承诺及不可推卸的责任,扛在肩上,放在心里,交出了一份让党和国家放心、让人民群众和世界友人满意的答卷。

在"5·12"汶川抗震救灾保障过程中,中国民航各级领导亲自坐镇,靠前指挥,多方协调,各幕后保障单位团结协作,"分工不分家",把民航全国联动、团结协作这一优势发挥得淋漓尽致。

2008 年 5 月 12 日，我国四川汶川发生里氏 8.0 级特大地震。灾区通信中断，道路严重受损，震中一片废墟，大量灾民被埋于瓦砾废墟中。数以万计的灾民涌向九寨沟、成都双流等机场，旅客严重滞留。空管塔台指挥受损严重，成都双流机场保障方式被迫从雷达改为程序管制，每小时从 30 架次降到 6 ~ 10 架次，且要保障大量救灾物资和人员航班进港，分给民航航班时刻很少……

灾害突降，民航西南管理局没有惊慌失措。他们立即召集驻场单位，就应急指挥系统建立、旅客疏散、临时塔台搭建、航空运输保障等工作进行协调部署，并于当天 16 时成立了抗震救灾指挥部。

保障救灾物资和救援人员快速运转，是救灾关键环节。每天 3000 余吨物资，200 余架次大型运输救灾飞机，这些物资运转主要由双流机场地面人员负责。但因超出平常运转工作任务十几倍，且专业人员和平板车、拖头、滚筒板等专业设备缺乏，尽管付出极大努力，他们仍不能按时完成物资转运任务。西南局抗震救灾指挥部召集四川航空公司、双流机场协调。川航不怕困难，大力相助，迅速派出 3 个班组，15 名专业人员，带 10 个拖板、1 个拖头等设备前往增援，有效保证了救灾物资和救援人员快速运转到位。

5 月 19 日，四川省抗震救灾指挥部致电请求民航西南局配合进行伤员运输工作。当晚 7 时，民航西南局召开会议，协调国航、川航、东航、深航、鹰联航，改装 9 架飞机作为运转伤员专机。截至 5 月 31 日，参与伤员转运的 5 家航空公司执飞航班 99 个，向全国 20 个城市运送伤员、陪护和医务人员共 7604 人。

绵阳机场承担了大量救灾重要飞行任务及军航 41 架直升机飞行等保障工作。自身设备不足，保障能力偏弱。广元、重庆、康定等机场闻讯而动，积极驰援。康定机场总经理范永政亲自带 8 台专用车，20 多名专业人员，连夜驰援绵阳机场，演绎出在大灾面前，民航人团结协作的动人颂歌。

据不完全统计，汶川地震期间，民航西南各相关单位，发扬顾大局，讲奉献，团结协作精神，共保障救灾飞行 4007 架次，运送救灾物资 4.13 万吨，保障党和国家领导人专机和重要飞行 37 架次，直升机专机和重要飞行 50 架次，为夺取抗震救灾的胜利做出突出贡献。

故事 2

飞翔，循着祖国的召唤
——2006 年中国民航完成重大飞行保障任务纪实

2006 年 6 月，一系列对中国民航的赞誉相继传来。国务院领导同志在《民航简报》上专门做出重要批示，盛赞民航总局及东航等相关单位，顾全大局，团结协作，精心组织，圆满完成了大规模运输扑火作战人员的任务，为扑灭森林火灾做出了贡献。国务院扑火前线总指挥部总指挥、国家林业局局长贾治邦于 6 月 9 日致函民航总局，对民航有关单位在扑灭三起森林大火中所付出的辛勤努力表示衷心的感谢，称中国民航创造了新中国成立以来首次飞机大规模、远距离运送武警森林部队的先例。同时，民航总局运输司、民航东北地区管理局、东航被国务院扑火前线总指挥部授予"扑火优秀保障单位"荣誉称号。

这些殊荣的取得，主要缘于中国民航在 2006 年创造的一次壮举：东航一夜之间实现 1000 余名森林武警的"6000 里南兵北调"。

在扑救黑龙江嫩江县、大兴安岭松岭区和内蒙古免渡河三起大面积森林火灾的关键时刻，在火场一线急需空运扑火作战人员的紧要关头，5 月 30 日 13 时 20 分，时任民航总局副局长李军向东航下达了紧急运输任务，要求东航在次日 5 时之前将驻扎在云南昆明、丽江、大理、思茅的 1000 多名森林武警官兵紧急运往黑龙江省的齐齐哈尔执行灭火任务。

借助先进的运行控制手段，东航对所有方案优中选优，最后决定：云南分公司派 6 架 B737 飞机将驻扎在丽江、大理、思茅等地的 700 名官兵接往昆明集中，再派 2 架 B767 飞机和从上海总部调 2 架 A300 飞机共 4 架大型飞机由昆明将 1036 名官兵和 30 吨抢险器材连夜运送到齐齐哈尔三家子机场。

5 月正是民航运输最繁忙的时期，如此大规模地动用运力对东航而言，难度异常，经济损失更是难以估算。然而，中国民航一直就有这样的传统，在祖国和人民的利益面前，一切困难都要克服。

19 时 15 分，东航从上海空飞调机的两架 A300-600 飞机，分别从虹桥和浦东机场起飞。

22 时 10 分，云南分公司第一架运送灭火官兵的 B767 飞机起飞，于次日凌晨 2 时 3 分，抵达齐齐哈尔。凌晨 4 时 16 分，第二架飞机在齐齐哈尔三家子机场 2600 米跑道上平稳降落。40 分钟后，卸运工作结束。东航的第三、第四架空运专机随后抵达三家子机场，带来了一队又一队森警官兵……从 5 月 30 日晚到 31 日清晨，东航共飞行 22 架次，其中运输飞行 10 架次，调机 12 架次，运送武警官兵 1036 人和随行抢险器材 30 吨。5 月 30 日夜，东航 4 架大型运输飞机承载着 1036 名灭火官兵和数十吨设备，先后从云南昆明直飞到齐齐哈尔三家子机场。这支队伍犹如空降神兵，在最短的时间内使火势得到了控制。

这次运兵仅仅是一次代表性事件。为了祖国和人民的利益，中国民航的飞机岂止一次飞向战场的最前线：运送巴基斯坦遇难的中国工程师遗体、实施中国维和部队轮换、运送中国国际救援队赴印尼地震灾区、救助"琼海 05098"遇险渔民……循着祖国的召唤，中国民航的银鹰一次次飞翔在祖国最需要的地方。

据统计，2006 年 1~11 月，全民航共完成专机及重要飞行保障任务 1820 架次，承办党和国家领导人乘坐民航航班 277 架次，承担抢险、救灾等紧急运输任务 25 起。

（资料来源：摘编自《中国民航报》2007 年 3 月 2 日，第 1 版。）

一个个生动的案例充分说明，团结协作是民航完成党和人民交给的急重险难任务，不辱使命的重要保证。当一项任务来临时，只有团结协作，中国民航才能用最快的速度做出反应，完成使命。试想如果民航系统及内外相关保障单位，没有团结协作精神，各自为政，各吹各的号，各敲各的锣，自行其是，在条件极为复杂、环境十分恶劣、运输保障任务十分繁重的情况下，凭一己之力，单打独斗，要圆满完成如此艰巨急难险重任务，是不可能的。

第三节 团结协作——民航人一直在路上

实现民航强国梦，是我们全体民航人当前和今后一段时期内的主要奋斗目标。民航的行业与系统构成及其运行规律，要求其必须具备高度契合的团结协作精神。在建设民航强国和全面深化改革的征途中，在日常工作的实践中，民航从业人员可能会遇到一系列各种各样的困难与挑战，越是关键时刻，越是困难的时候，越是需要我们树立"民航是一家"的大局意识，践行团结协作的工作作风，才能克服困难，完成新时期党和国家、人民赋予我们的艰巨而光荣的任务。

如何培育和践行社会主义核心价值观，发扬团结协作的当代民航精神，使中国民航行业始终保持团结协作，奋发向上的活力，以适应我国民航强国建设的客观需要，是当前摆在全行业面前的一项重要课题。可以在增强大局意识、倡导团队精神、强化担当意识方面，从思想上、机制上、作风上，培树典型、凝聚正能量，为我国民航业的腾飞提供思想武器和精神动力。

一 思想上，增强"大民航"意识

团结协作是一切事业成功的基础，个人和集体只有依靠团结的力量，才能把个人的愿望和团队的目标结合起来，超越个体的局限，充分发挥集体的协作作用。一个缺乏协作精神的行业、一个缺乏协作精神的单位、一个缺乏协作精神的部门、一个缺乏协作精神的个体，不仅事业上难有建树，难以适应时代发展的需要，也很难在激烈的竞争中立于不败之地。越是现代社会，孤家寡人、单枪匹马越难取得成功，越需要团结协作，形成合力。从某种意义上讲，帮别人就是帮自己，合则共存，分则俱损。如果因为心胸狭隘，单枪匹马去干事，放着身边的人力资源不去利用，结果只能是事倍功半，甚至更糟。

树立"大民航"意识，是弘扬民航团结协作精神的根本。所谓"大民航"意识，简单地说，就是树立"一损皆损，一荣皆荣"的思想意识，牢记民航人是一家，我们有共同的民航强国梦想、共同的民航核心价值观、共同的民航职业道德操守。

2009年10月3日，中国货运航空有限公司（China Cargo Airlines Limited，简称"中货航"）的一架MD-11飞机在执行CK238航班时，由于机械故障备降蒙古乌兰巴托机场。中货航需要紧急派出维修人员搭乘中国国际航空股份有限公司（Air China Limited，简称"国航"）航班前往乌兰巴托机场开展排故工作。国航在得知该情况后，立即协调北京总部和当地办事处积极为中货航排故人员提供帮助。为了使中货航维修人员尽快取出随机运输的排故器材，国航乌兰巴托办事处经理与相关工作人员及时与边防安检人员沟通，并主动联系机场当局，保证了器材在第一时间送达排故地点。国航工作人员还向机场当局借用了排故工作所需的相关地面设备，保证了排故工作顺利进行。在国航工作人员热情主动的协助下，中货航的飞机故障得到及时排除，并在较短的时间内恢复了商业运行。紧要关头向兄弟单位伸出援手，国航充分发扬和展示了"大民航"的精神。

实际上，由于民航的行业属性，类似这样"雪中送炭"的民航兄弟单位之间团结互助的事例基本每天会有。在特殊时期，民航人团结协作，无私奉献，不辱使命的大民航意识，更是值得全行业倍加珍惜，发扬光大。

2008年，是我国近代百年来极为不平凡的一年。元月下旬，我国遭遇百年不遇冰冻雨雪灾害；5月12日，四川汶川发生里氏8.0级特大地震灾害，我国军民众志成城，团结一心，取得了抗灾重大胜利；8月8日至9月17日，第29届奥运会和第13届残奥会先后在北京召开……我国民航经受住了历史性航空运输保障考验。其中，在那场百年不遇的冰雪灾害抗灾战役中，在灾情最严重的中南地区，一幕幕感人的抗灾场面，一次次组织有力的协同抗灾大会战，反映了中南民航树立了"一盘棋"的大局观念，以大民航意识统领全局，众志成城战风雪，齐心协力抗冰冻，在风雪中汇成了一首激扬的抗灾协奏曲，谱写出中南民航和谐一家亲的新篇章，让困难低头，让冰雪融化，确保了春运安全，没有发生恶性的旅客群体性事件，灾后生产恢复迅速。

故事3

大灾面前凸显大民航意识
——中南民航夺取抗灾保春运战役胜利纪实

2008年春运伊始，一场大范围的冰雪灾害突如其来地侵袭了中南各省。自1月25日开始，灾情恶化蔓延，中南多个主要省会城市的机场在不同时段关闭，长沙机场更一度长时间关闭。因北上客流受阻，国内三大航空枢纽之一——广州白云机场在春运头14天内累计取消航班400多个，最高峰时取消航班173个，延误航班1600个，最高峰时延误达327起，航站楼最高峰时滞留旅客两万余人。航班出不去，进不来，旅客大量滞留，影响航空安全的不稳定因素激增，各地告急的信息接踵而至，中南民航春运遇到了从未有过的巨大运营压力。

非常时期，考验政府的非常执行能力

危急关头，中南民航迅速开展了抗灾自救行动。作为行业主管部门，民航中南管理局担负着组织协调指挥的抗灾重任。为了提高应急处置能力，局党委当即决定，局应急办和春运办合署办公，实行24小时领导值班制度，局党委成员全部深入受灾一线，到现场办公，掌握事态最新进展，实行指挥前移，并迅速启动大面积航班延误一级应急响应处置程序，建立抢险救灾定期报告工作机制。围绕灾情暴露出的热点、难点问题，中南管理局多次组织现场协调办公会，协调民航与地方、民航单位之间的责权利关系，编织起一张紧密联动的抗灾网。一个个措施得力的应急预案出台，一条条抗灾指令落实到一线……

中南局7个辖区驻地安全监管办迅速成立安全督察组，并牵头各民航单位成立了应急处置协调会。全体监察员坚守受灾一线，一方面依据规章标准和专项检查单加强现场监察，另一方面针对受灾机场出现的问题迅速协调，组织支援。在灾情紧急关头，中南局3个工作组及时来到了辖区内灾害严重的 6 个机场进行专项检查，专门就航行情报部门加强与机场运行管理部门的配合、针对天气变化及时准确发布航行通告、滞留旅客的安置和疏散等重点保障环节——与各方沟通，防止矛盾激化。

1 月 27～29 日的三天时间里，管理局组织驻粤民航保障单位召开了 5 次紧急现场协调会，通报航班运行和延误、旅客滞留及安置情况，传达民航总局和省市政府春运保障工作的指示精神，研究制定应对措施，及时处理突发事件，并就各运输保障单位之间信息沟通不及时不畅通、向旅客发布信息不准确等十多个难点问题提出专项要求，当场明晰责任主体，统一协调，该授权的授权，该到位的到位，该负责的绝不允许推诿，能当场拍板的绝不拖后。

从 1 月 28 日开始，白云机场出现了大面积航班延误、取消，滞留旅客上万人，候机秩序开始混乱，部分情绪激动的旅客抢占值机柜台，冲击登机口，强占飞机或是阻拦其他准备登机的旅客。有的甚至冲到停机坪，企图拦截飞机。在警力不足的情况下，失控局面一触即发。中南局紧急协调广东省春运办，两次请求派地方警力到现场协助维持秩序，600 多名武警公安及时到位，24 小时执勤，控制了机场各关键安全点，防止了多起冲击廊桥和登机口的事件，迅速控制了事态。使用如此大规模的警力维护春运航空安全秩序，是白云机场通航以来的第一次，非常措施收到了立竿见影的效果。

在争分夺秒的抗灾节骨眼上，中南局特事特办，提高应急处理效率。机场关闭停航，而部分航空公司和销售代理人还在对外销售机票，势必将造成旅客大量积压。中南局市场处在了解到这一反常情况后，果断出台应急措施，暂停了向被关闭机场的座位销售和航班批复，并要求航空公司在灾情天气期间免收旅客的退票费、签转费，在缓解运营压力同时维护旅客的权益。在航班调配上，局方积极与航空公司配合，创造便利。长沙飞往重庆方向的航班因故全部取消，湖南监管办及时协调，争取到一个加班时刻，同时多方联系航空公司调机飞行，及时输送了滞留长沙多日的 300 多名旅客。为缓解白云机场巨大的运营压力，中南局还及时将因天气原因备降白云机场的航班引导疏散到其他机场。

齐心协力，大灾面前凸显民航一家亲

纵有风雪锁征途，难拒民航一家亲。在抗灾中，中南民航各单位团结互助，共渡难关，感人的一幕幕令人难忘。

1月29日下午，长沙等机场开始恢复间隙性通航，抢运旅客的战役全面打响。而此时，广州地区运力调配相当紧张，管理局从中发挥协调功能，积极筹措运力。深航于1月30日和31日连续两天临时增加5架航班，每天投入14架飞机紧急疏散大量滞留在广州白云机场的旅客，将3000多名旅客及时送走，共帮助海航、南航等公司运送旅客600多人。当长沙控制流量时，深航临时申请将广州至长沙的飞机改飞广州至常德5班，管理局统筹安排，简化手续，特事特办，及时给予批复，最终安全运送旅客750人。

"国航无法安排运力，请求中南局协助支援。" 1月31日中午，当中南局副局长秦喜生接到国航的求助电话后，第一时间就致电南航。南航义无反顾地接受了这一"额外"任务，从紧张的运力中调配出一架A319飞机执飞。在中南空管部门的密切配合下，1月31日21时10分，满载着129名旅客的南航飞机顺利起飞，将已经滞留白云机场多日的国航旅客安全送达长沙机场。"在冰雪灾难到来的时候，国有企业就要发挥骨干作用，关键时刻不分你与我，不论是谁的飞机，不论花费多大的代价，都要让旅客尽快安全地回家，这是我们的最大目标。"南航集团公司总经理刘绍勇的这番话，是中南民航人在抗灾中对"以旅客利益为最高宗旨"的最好诠释。

早一日得到除冰设备，受冻机场就能早一日通航。在得知长沙机场除冰设备严重不足后，中南局考虑到郑州灾情稍有缓解，在得到民航总局支持后，立即决定协调辖区内相对比较有除雪经验的郑州机场，紧急征调吹雪车援助长沙。郑州机场立即决定派出最精悍的5名技术人员和最好的两台吹雪车支援长沙。2月1日23时55分，在历经30个小时的长途跋涉后，运载除冰设备的列车终于到达了长沙。此时，纷纷扬扬的大雪已经在长沙下了整整一天，地面积雪结冰厚达10厘米。车辆从火车站卸下来后，又累又饿的技术人员不顾劳累，冒着漫天的雪花，小心翼翼地驾驶吹雪车以每小时不足20公里的速度在冰雪覆盖的道路上艰难前行。2月2日3时20分，黎明还没有到来，两台吹雪车已经到达现场，投入了紧张的工作。

确保安全，不符合飞行标准决不放飞

不符合飞行标准决不能放飞，不符合开放标准决不能通航！面对旷日持久的灾情，各民航单位都在想尽办法尽快抢运大量滞留旅客，但越是在这紧急关口，安全的重要性越发凸显，更考验中南民航局冷静处理的能力。中南局安全监察部门在灾情到来后，加强现场监察力度，对飞机、跑道、机组、航行签派等各环节严格监控，掌握最新的信息，对任何违反安全标准的行为都及时予以纠正，不留情面。广东监管办在审议某航空公司提出的希望使用大型飞机执行南昌、长沙航班的申请时，基于当地机场硬件及保障能力达不到标准，最后予以否决。

1月27日，长沙机场经奋力除冰，短时间达到了开放条件。为确保安全，监管办要求每架飞机起飞前都要专门进行道面摩擦系数测试。当顺利放行两架次飞机后，天气突然恶化，第三架飞机已经滑出等待起飞指令。监管办主任孟俊生是老飞行员出身，他还不放心，亲自上跑道勘查。当时所测道面摩擦系数为0.6，远高于最低标准。孟俊生通过手摸脚踩，感觉部分道面还有结冰，非常湿滑。他又带着司机开吉普车测试，以50公里时速点刹，车辆出现侧滑。孟俊生当即将情况通知机场，要求严格掌握放行标准。长沙机场经过慎重考虑，宣布机场关闭，已经滑出的飞机又折返等待。

郑州首先恢复通航，武汉、长沙陆续恢复通航，白云机场节前"抢运旅客战役"取得圆满成功……到2月初，中南民航春运已经彻底扭转被动局面，全部恢复正常。随着天气的转好，中南民航加紧了灾后加补班，增加运力，有序地运送旅客，争分夺秒地把受灾损失夺回来，取得了抗灾的决定性胜利。

（资料来源：摘编自《中国民航报》2008年3月5日，第1版。）

树立大民航意识，不是一句简单的口号，而是需要全体民航人在日常工作中，从点点滴滴开始，不唱高调，多做实事。对于民航各单

位和部门来说,团结协作的工作作风要体现在思想认识的协同上、要体现在各项行业政策导向的协同上、要体现在各项改革任务推进步骤的协同上、要体现在各项管理措施效果的协同上。正如中国民用航空局局长冯正霖同志在《民航局机关要带头弘扬和践行当代民航精神》中讲到的那样,各部门要共同努力提升团结协作的工作作风,坚决打破部门本位主义和一亩三分地思维,既要守土有责,还要有大局意识,牢固树立"一盘棋"思想。比如,综合司在组织研究行业重要问题、提升机关行政效率、加强新闻宣传和舆论引导方面,需要各专业司局和部门的团结协作;航安办在完善安全监管工具箱方面,需要安全管理部门和经济管理部门的团结协作;政法司在完善行业法规体系、建设执法管理系统平台方面,需要各专业监管司局给予支持配合;财务司在完善民航财经政策方向,需要统筹考虑各司局的专业项目资金需求和经费保障。又比如,供给侧结构性改革是当前和今后一个时期我国经济工作的主线,也是民航工作的主线,民航供给侧结构性改革最终目的是更好地满足航空旅客需求,主攻方向是提高安全发展能力、提高航空运输服务质量,根本途径是深化民航改革。未来一段时间,我们要努力破解行业发展速度和运行规模与资源保障能力之间的突出矛盾,必须坚定不移地推进民航供给侧结构性改革,着力提高供给质量,扩大有效供给。这就涉及方方面面,需要各部门团结协作,密切协助,协同发力,共同推进,努力在关键领域和重点环节实现改革新突破,形成重点牵引、全面推进的改革整体效应。

需要注意的是,中国民航历经数轮改革,原来的行政隶属关系、运行模式和利益格局陆续被打破。这种格局的打破,权益再分配,导致一些影响"大民航"意识树立、对团结协作有害的消极思想慢慢滋生,而且具有一定市场。狭隘的地域利益观念、本位主义、小团体利益等有害思想和行为,或多或少存在于民航日常工作与建设实践中,并以不同形式表现出来,且呈现蔓延之势,表现有时十分突出。这种消极思想和行为与"大民航"意识是格格不入的,它不仅不利于民航团结协作,也会对民航强国梦的实现产生消极影响。树立"大民航"意识,夯实团结协作思想基础,必须注意清除和克服对树立"大民航"意识有害的消极思想影响。充分认识其危害，自觉加以克服和铲除。

总之，讲政治，在思想上牢固树立"大民航"意识，是增强"四个意识"、弘扬民航团结协作精神的应有之义，也是实现新时代中华民族伟大复兴的民航强国梦的思想保证。只要民航全体从业人员明白这一道理，就会自觉克服本位主义、狭隘主义和小团体主义，胸怀全局，心往一处想，劲往一处使，攻无不克，战无不胜。

二 机制上，弘扬协作精神

民航运输是一个涉及多个单位、多个部门的复杂系统。团结协作的当代民航精神是民航行业独具特色的精神品质。民航行业各单位、各部门团结协作，上下一心，是民航系统相互扶持，健康、协同发展的重要支柱。在这个竞争十分残酷激烈的市场经济时代和互联网时代，团结协作、合作共赢更是时代的选择，合作可以促成成功，合作也可以凸显共赢。携手共进，合作共赢是 1 + 1，但它不等于 2，而是要大于 2，合作可以使双方共克时艰，共赢商机，提振信心，共同发展。

合作才能发展，合作才能共赢，合作才能提高。培养团结协作的工作作风，除了要有统一的思想意识，还要有有利于不同单位和部门协作配合的体制和机制。机制是民航团结协作精神养成的土壤。随着民航行业的分工越来越细、参与运输保障单位的性质越来越复杂，从顶层设计上如果缺乏着眼于团结协作工作作风养成的管理体制和机制，团结协作的效果就会大打折扣。因此，相关部门和人员在管理体制和机制的设计和建设过程中，应少一点强制，多一点尊重；少一点功利性，多一点人性化；少一点严格和冰冷，多一点温暖和关怀。只有在互惠互利、合作共赢的管理体制和机制的引领下，只有在良性的竞争和宽松的环境中，各部门各单位才能真正携起手来团结协作，共同发展，共筑民航强国梦。

所谓协作精神，是指建立在团队的基础之上，为了共同的利益和目标而相互协作的作风，共同承担集体责任，齐心协力，汇聚在一起，形成一股强大的力量，成为一个强有力的集体。培养优秀的团队协作精神，需要大力倡导和把握以下四个重点，即相互信任，相互包容，相互补台，相互谦让，这是培养团队精神需要把握的重要环节。树立大局意识，摒弃各种杂念，团结协作的作风既要体现在部门内部协同上，又体现在与外部单位协同上，营造共谋发展的良好氛围。

长期以来，航班正常一直是民航旅客十分关注的出行需求，关系人民群众对航空出行的获得感和幸福感。然而民航航班运行涉及几十个环节、多个保障部门，其系统化、专业化和精细化的特点，决定了任何一个环节出了问题都有可能影响航班正常。随着中国民航业的飞速发展，旅客吞吐量持续增加，航班飞行总量不断增长，航空公司已逐渐从"小部队"变成了"大兵团"，机场已逐渐从"小场站"变成了"大系统"，空管也由"小塔台"变成了"大终端"，在越来越复杂的运行环境下，在有限的资源下，如何最大限度地提升运行品质、确保航班正常，是中国民航各单位必须直面的难题。近年来，中国民航一直为航班正常治理做着各种努力和探索，上到行业管理部门不断研究出台各种规章文件，下到各机场、航空公司、空管等关联单位不断加强制度构建、形成联动合力，优化运营流程、提高保障能力。然而，光靠一个单位或部门的单打独斗是不够的，只有航空公司、机场、空管和政府监管部门等各部门在统一制度下形成合力，协同运行，才能有效构建提高航班正常的四个管理体系，航班正常治理工作才能取得成效。近几年，民航局提出要从顶层设计的角度，制定全国一体化协同决策（CDM）实施方案，建立统一的 CDM 运行规范，将 CDM 系统覆盖至所有的机场、航空公司、空管、油料等单位，实现由点到线再到面的升级；要进一步统一三大区管中心流量管理的标准和工作流程，通过 CDM 系统明确航班放行时刻，配套流量管理措施，提高协同能力和处置效率，从而提高整体正常性。然而，CDM 不仅仅是民航领域某工作流程中的参与者间简单的数据共享，而实际上数据共享仅仅是协同决策中最为基础的内容，它所带来的影响还应包括两个方面：一方面是传统工作流程上的改变，各个参与者不再是相互割裂的单一流程，而需要建立一个完整的、为所有流程参与者所认可的、公开的工作流程；另一方面是文化、态度方面的改变，民航领域的工作流程中所有参与者应该对目标有一个共同认知的理念，在整体协商中，参与者需要建立一种相互信任的理念，积极地共享信息，制定出总体最优策略的同时，自身也实现了利益最大化。可见，在CDM建设和实施过程中，互联互通是支柱，合作机制是保障，交往互动是基础。只有参与航班运行保障的各单位思想一致，发挥团结协作的精神，CDM系统中与时俱进的理念和站位高远的系统设计才会有效落实、中国民航航班延误的顽疾才能有效根治。

故事4

提升运行品质 让航班正常成常态

首都机场作为世界第二大机场，航班繁忙，空域资源紧张，保障航班正常的压力尤其大。首都机场高度重视航班正常工作，2017年以"资源能力是基础，信息顺畅是核心，协同联动是根本，快速处置是关键"为要求，研究制定了落实真情服务、提升航班正常性工作方案，并提出力争在一个月内采取有力措施，遏制航班正常性下滑趋势；一个航季内有效补齐短板，航班正常水平明显改善；三年之内夯实基础，稳步提升，航班正常性高于全国平均水平，实现运行品质大提升。

为取得明显成效，首都机场重点成立了航班正常性提升领导小组，设置安检效率提升、旅客流程效率提升、行李流程效率提升、站坪交通运输效率提升、APM改进等专项小组，以首都机场四大平台为基础，联合开展航班正常性专项提升行动。首都机场继续扩大运行管理委员会影响力，强化运管委和机场运控在特情条件下和日常运行中的协调力度，切实推动各单位落实运行保障工作。在今年（2017年）雷雨季，落实"6-4-2-1"（提前6小时准备、提前4小时制定方案、提前2小时实施方案、提前1小时动态修正）的保障措施。在中跑道大修、"一带一路"等重大航空运输任务保障期间，协助局方制定航班调减计划并严格执行。

在昆明长水机场，保障一个航班的主体多达73个，其中仅有17

个与机场存在劳资关系。为了调动各主体单位的积极性，发挥机场与各主体单位的协同效应，昆明机场通过签署协议的方式，一方面明确航空公司、空管、边检、海关等各主体单位在机场运行上的权利与义务，将安全运行与服务的责任落实到主体；另一方面，明确了机场为各主体单位做好保障服务的职责。这样一来，随着各主体单位产生良好的协同效应，机场高效运转，机场航班正常率大幅提高。

机场面临施工项目时，如何确保运行正常，也是许多大型机场面临的一个问题。2016 年，南京机场不停航施工项目较多，机场跑道关闭大修，实行单跑道运行模式。对此，南京机场各运行保障部门与空管、航空公司等单位密切配合，加强信息传递。运行指挥中心在发布关闭场道的航行通告时尽量兼顾施工与运行，如遇有大面积延误备降等情况，及时与施工单位协调改变施工时间，取消关闭通告，确保航班保障正常进行。在合理运筹的情况下，航班保障安全、顺畅，航班放行正常、有序，航班正常率未受影响，去年（2016 年）11 月和 12 月还有所提升。

（资料来源：摘编自中国民航航空局官网 http：//www.caac.gov.cn/ZTZL/RDZT/ZQFWMHZXD/201704/t20170405_ 43497.html。）

一级组织或一个单位如果富有凝聚力、战斗力，这种团队协作精神表现在平时，是单位与单位、部门与部门、员工与员工之间的和谐团结，工作生产高效优良；若在出现特情时，则表现出特别能吃苦耐劳、特别能战胜困难、特别有抗压能力，可以被信赖、被依托、被委以重任且不辱使命的突击力量。祖国的召唤、人民的嘱托，就是民航义不容辞的责任。从突发战火的埃及到利比亚，从四川汶川地震到青海玉树地震，从 APEC 到 G20 峰会，从北京田径世锦赛到"一带一路"国际合作高峰论坛，每当国家需要民航效力时，民航人总是通过团结协作的工作作风将责任和担当牢牢扛在双肩，不辱使命。

服务是民航各企事业单位共同的业务属性，团结协作的服务精神是中国民航不可或缺的软实力。民航各企事业单位都需要通过彼此之间的有效合作实现系统的安全、平稳、高效的运行，以此服务于整个社会。虽然在运输服务保障过程中，不同业务主体的利益诉求既有分工合理、协调发展、紧密合作的正面效应，又有条块分割、区域壁垒、各自为政的负面效应。然而，单就服务工作而言，只要打破各部门之间客观存在的本位主义框框，在新的更高层次上打造民航运输服务链，使各业务部门携起手来通力合作，协同一致改善旅客服务工作，那么全行业的整体服务质量和效率就能不断提升！

三 作风上，强化担当意识

担当是一种团结、协作、共同进步、推动发展、从不懈怠的智慧。团队协作精神的养成还需要担当意识的激励。"人民航空为人民"，中国民航作为交通运输业，具有典型的服务属性，它的成功原动力来自对客户需求的关注、服务能力的不断提升、服务过程的精益求精。赢得客户就赢得了来自行业内外的竞争优势，这也是民航真情服务的切入点。每一位民航人都应从全局角度设身处地地为客户考虑，把自己的工作与其他部门或者单位从业者的工作过程紧密联系起来，尽可能为客户提供更多优质服务，不能认为旅客在买票时只是客票销售部门的客户，在地面候机时只是地面服务部门的客户，在乘机时只是机组人员的客户，而推掉所有自己工作职责界限以外的旅客。民航运输的高度流程化和系统化，注定了参与其中的每一个人都应该具有全局思维、有担当意识，将自己的工作职能根植于整个体系之中，用真情服务创造每位民航运输消费者的完美体验。

2008 年 T3 航站楼投入运行以前，在首都国际机场 38 万平方米的"地盘"上，与旅客有可能打交道的单位主要有 28 家，但是它们又分属各自不同的行政主管单位。单就旅客而言，无论他们归谁管，都只有一个共同的名字——首都机场。2004 年北京首都国际机场股份有限公司为了全面提升旅客服务水平，协同各驻场单位的行动积极构建平台，成立了"首都机场旅客服务促进委员会"（简称"旅促会"），提出了"同在国门下同是一家人"的口号，制定服务规范和标准：一是各单位员工应切实"践行首问负责制，铭记旅客优先原则"；二是各单位应充分利用各自业务特点，加强协调沟通，务求简化旅客手续、优化旅客服务流程；三是各单位应严格履行服务规范和标准，突出首都机场人性化服务特点，以树立"中国第一国门"良好形象为己任。在各成员单位积极配合下，旅促会在 2005 年编撰完成了《首都机场航站楼基础业务知识培训教材》，该教材把各家单位的工作内容都涵盖进来，包括乘机流程、机场交通、服务设施、安全须知、边防、海关知识、服务规范等多方面的常识，同时还包括首都机场航站楼内外与旅客流程紧密相关的各项服务内容。教材发放到了各成员单位每位一线员工的手中，并通过培训、竞赛、考核等多种方式让每位机场工作人员熟知相关内容。另外，还通过构筑国门文化，建立沟通协调、监督评价、信息反馈、奖励激励等机制来保障全面提升首都机场旅客满意度这一共同目标的完成。各成员单位通过建立联动机制，沟通协调旅客服务问题，大幅提升了旅客对首都机场各单位综合服务水平的满意度。通过发行每日《服务快讯》、每月《月报》和每季度《服务专讯》，各成员单位对服务问题进行及时沟通反馈，通过各类优秀服务评选和年度评奖活动，弘扬优良道德传统，营造文明和谐的服务氛围。首都机场作为旅促会平台搭建的牵头人，在打造"第一国门"服务品牌，提升"第一国门"服务质量方面，充分体现了团结的担当精神。

敢于担当、团结协作的工作作风，不仅体现在单位与单位之间，还体现在一些民航的先进典型人物中。比如，身先士卒，所向摧陷——国航股份公司工程技术分公司成都维修基地晨星班组组长陈鸿；心系民航梦的科技"领头羊"——中国民航大学空管学院副院长赵嶷飞；不做困难面前的逃兵——民航东北空管局空管技术开发公司总经理潘庆革；要对得起肩上的责任——南航湖北分公司飞机维修厂主任高级工程师陈卫星……他们用自己无畏艰难、勇于担当、甘于奉献的精神，带领自己的团队，为民航事业的发展，贡献了自己的智慧与汗水。在实现新时代中华民族伟大复兴的民航强国梦的征途中，需要千千万个像他们一样爱岗敬业、勇于担当、团结协作、不计得失的各类先进典型做引领。

故事5

国航股份公司工程技术分公司新型班组建设侧记之
成都维修基地晨星班组

"身先士卒"，这个成语，源于《史记·淮南衡山列传》："当敌勇敢，常为士卒先。"《资治通鉴·隋纪炀帝大业九年》记载："玄感每战，身先士卒，所向摧陷。"事说1883年，法军从越南边境进攻中国，老将冯子材奉命率军驻守镇南关，面对装备精良的法军，冯子材一点也不畏惧，积极备战，誓与镇南关共存亡，将士们深受感动，个个英勇作战。冯子材更是身先士卒，带领将士与法军进行肉搏战，打败了法军。国航股份公司工程技术分公司成都维修基地晨星班组组长陈鸿就是新型班组建设战斗中的"冯子材"，在分公司推进班组建设的战役中，他一次次打响第一枪，屡战屡胜，带领不同士兵获得次次殊荣。为了搞好班组建设工作，陈鸿多次利用业余时间走访成都当地的房地产公司及有些私企公司，借鉴他们的经验和精华结合自己的特点，开创了分公司的新型班组的先河，他精心打造的"晨星"班组是分公司群星班组中最明亮的一颗，照亮自己，映亮群星。他制作的手册被前来学习的兄弟单位参考和复制，他总结班组长的"三心"（公心、责任心、用心）工作法得到推广，他的"两建好、两加强、两化"管理理念（建好班组文化，建好员工小家；加强团队活动，加强交流沟通；阳光化管理，情感化关怀）已经落地开花，作为武汉基地专题辅导员，他多次前往培训、传经送宝、倾囊给出。陈鸿培训的武汉维修基地的11个班组长已经独立且举一反三地开展工作，该基地的新型班组已经在武汉民航系统成为楷模。一颗星映亮他人自己才更闪亮，成都维修基地总经理倪继良深有感触地讲到，新型班组的建立，为有才之士搭建了一个非常好的平台，一年多来，一批优秀基层管理人才脱颖而出，他们在各项工作的直接落地上起到重要的作用，有了这些精英的基层管理者，分公司在同行业的竞争中必能胜出。

（资料来源：摘编自民航资源网 http://news.carnoc.com/list/218/218448.html。）

托举民航强国梦想，既是我们全体民航人共同的理想、共同的奋斗目标，也是我们行业团结协作的共同目标。它是我们统一思想，克服一切困难，抛弃本位主义、个人主义，保持持续安全、真诚服务的思想保证和力量源泉。纵观中国民航六十多年的发展历程，民航的历次改革一定程度上都解放和发展了民航生产力，为民航的成长壮大提供了持续动力。"十三五"时期是实现民航强国战略目标的关键阶段，是行业转型升级的战略机遇期。然而当前民航发展仍然面临一系列深层次矛盾和问题，实现民航强国战略目标，必须通过进一步深化改革，坚决破除沉疴痼疾，才能为行业发展提供新的动力。改革难免会触及某些单位或个人的利益，难免会遇到一些难啃的硬骨头，只要我们发挥勇于担当的精神和携手攻坚克难的作风，进一步健全与相关部门的协调机制、进一步加强改革任务之间的内生合力、进一步提高法规标准的完备性精准性、进一步完善改革配套措施，我们的各项改革任务就一定会稳步推进，取得预期的效果。

小　结

总之，团结协作，是民航深化行业分工，促进民航事业发展，推进民航强国战略的必然要求。在共圆民航强国梦的征途中，中国民航130万从业人员，将继续坚持团结协作的工作作风，埋头苦干，砥砺奋进，坚定不移地朝着从民航大国向民航强国的目标迈进。尽管前进中可能会遇到一些问题、困难乃至挑战，但只要我们积极探索，勇于践行，团结协作，我国民航强国梦想一定能够实现。

第五章
敬业奉献的职业操守

　　敬业奉献是中华民族的传统美德，也是中国民航在长期历史发展和文化沉淀中孕育形成的行业价值理念。新中国民航事业在短短的六十多年发展中，从无到有、由小及大、变弱为强，是一代代民航人爱岗敬业、创新图强、勇于担当、甘于奉献的真实写照。作为民航行业品质和人文传承的有机统一的新时代中国民航的敬业奉献精神，既是民航人的基本职业道德，又是民航人大力弘扬中华民族传统美德、践行社会主义核心价值观的具体体现。总结过去，展望未来，在实现中华民族伟大复兴的民航强国梦的征途中，爱岗敬业、甘于奉献，仍将是我们新时代民航人职业操守的基本特征。

第一节　敬业奉献——中华民族的传统美德

一　敬业奉献的内涵

（一）中华民族对敬业的认知

"敬业"一词最早源自西汉时期礼学家戴圣的《礼记·学记》，意为专心学业，讲人成长时要"一年视离经辨志，三年视敬业乐群"，认为学会敬业是青年学习要达到的第二个阶段。此后它的词义从学业扩充为各行各业。春秋时期，孔子及其弟子通常把"敬业"表述为"敬事"。他们主张"敬事而信"（《论语·学而》），"事思敬"（《论语·季氏》），"执事敬"（《论语·子路》），"行己也恭，其事上也敬"（《论语·公冶长》），"敬其事而后其食"（《论语·卫灵公》）等，认为人在一生中始终要勤奋、刻苦，为事业尽心尽力。北宋程颐更进一步说："所谓敬者，主之一谓敬；所谓一者，无适（心不外向）之谓一。"朱熹也曾说过："敬业者，专心致志，以事其业也"，可见，"敬"是一种价值取向，体现了个体对其工作、职责的态度。近代，梁启超又对敬业精神作了专门阐述，"凡做一件事，便忠于一件事，将全副精力集中到这事上头，一点不旁骛，便是敬"，即用一种恭敬严肃的态度对待自己的工作，认真负责，一心一意，任劳任怨，精益求精。

敬业首先要爱业，爱业就是热爱自己的职业。不同的人在同样环境下工作效果不同，很重要的一个因素在于从业者对职业的态度。朱熹在《朱子语类》里提到："爱而不敬，非真爱也；敬而不爱，非真敬也。"所以，敬业者要有爱业的情怀，而对职业的热爱又是敬业的深层动力。

对个人而言，敬业是其人生价值的最好体现。奥斯特洛夫斯基在《钢铁是怎样炼成的》中，有一段保尔·柯察金的名言："人最宝贵的是生命，生命每人只有一次，人的一生应当这样度过：当他回忆往事的时候，不因虚度年华而悔恨，不因碌碌无为而羞愧。"现代社会，人的一生往往多半时间是在职业生活中度过的。很多人都是通过一定的职业活动来获取其生存发展与人生价值的，一个人为了不在晚年因虚度年华而悔恨，那他对待职业最好的态度就是敬业。

自古以来，有关敬业的例子不胜枚举。"大禹治水，三过家门而不入"；"王猛为相，临终不忘国事"，此外还有"鞠躬尽瘁，死而后已"的诸葛亮，"搜罗百氏""采访四方"而写出《本草纲目》的李时珍等。鲁迅曾说过："我们从古以来，就有埋头苦干的人，有拼命硬干的人，有为民请命的人，有舍身求法的人……这就是中国的脊梁。"正因为有齐太史、晋太史以及太史令司马迁冒死秉笔、据事直书的史官精神，才成就了中国史学家的职业风骨；正因为有了徐霞客踏遍大江南北的艰苦行迹，才提升了中国古代的旅行和地理考察事业；也正因为有一代又一代爱岗敬业、默默无闻、甘于奉献的民航人前仆后继，才造就了中国民航在短短六十余年里就取得举世瞩目的辉煌成就。

（二）　西方对敬业精神的诠释

任何一个民族的素质、一个国家的发展都离不开敬业精神。中国如此，世界上的其他国家也如此。美国人的基督教新教职业伦理，使美国人诚信尽职、勤奋节俭，成就了美国经济的快速发展；德国人敬业，他们对任何事情都严谨认真、一丝不苟，形成了他们民族性格和"德国品质"；日本人敬业，他们忠于职守、吃苦耐劳、勇于创新，缔造了一个又一个经济神话；新加坡人敬业，他们的凝聚奋斗以及追求繁荣昌盛的整体意识，促成了今天新加坡金融中心和花园城市。正是有了各具特色的"敬业精神"，这些民族才能够得以跻身于世界民族之林，在激烈的国际竞争中处于优势地位。

19世纪英国的道德学家塞缪尔·斯迈尔斯也非常重视敬业精神的作用，他在《品格的力量》中写道："敬业精神乃是我们民族的一种伟大精神财富，这真是我们民族引以为骄傲的东西。只要这种精神永存，我们这个民族就不会衰落，我们的未来就充满着无限的希望。一旦这种精神消失了，减弱了，或者被贪图享受、自私自利或虚幻的荣耀之心取代了，那么灾难就会降临到我们民族的头上，那我们这个民族离衰败、灭亡的日子也就不远了。"这段话在普法战争时期的法国得到了有力的验证。在法国的历史上，当然不乏像拜亚尔、科利尼、迪凯纳等一批鞠躬尽瘁、尽职敬业的名将，但普法战争在法兰西民族的历史上留下耻辱的一页。至于原因，法国驻柏林的武官斯多菲尔上校的一封信或许能说明一些问题。在大战前夕，他便已经预见到战争的结果。人们在杜伊勒里宫发现了他于1869年8月写给皇帝的一封信。信中指出："受过严格教育、具有严明纪律的德国人民具有崇高的敬业精神，他们崇尚勤劳、勇敢的献身精神，他们为了振兴自己的民族可以不惜一切代价，恪尽职守成了他们的天职，一个民族如此崇尚敬业精神，真是世所罕见。与之相反，法兰西民族到处弥漫着一股浮华之气，到处在滋长着令人沮丧的东西。我们的人民蔑视一切东西，他们贬斥道德、正义，无视家庭生活，没有爱国热情，不崇尚勤劳与奋斗，更谈不上什么敬业精神，他们无视宗教信仰。总之，他们尽情地嘲笑、讥讽一切，真是浮华轻薄的一代啊！唉！法国人如此蔑视真理和职责，灾难终会降临到这个民族的头上！"当一个民族完全丧失责任感，无论是普通群众还是高级官员都丧失发自内心的忠诚时，民族的衰败也就成了必然。

（三）　社会主义核心价值观中敬业的内涵

敬业，在党的十八大之前一直是社会主义职业道德的重要内容，是人们在职业道德上应该遵循的基本规范。党的十八大报告对社会主义核心价值观进行了科学概括，即"倡导富强、民主、文明、和谐，倡导自由、平等、公正、法治，倡导爱国、敬业、诚信、友善，积极培育和践行社会主义核心价值观"。"敬业"第一次被正式作为社会主义核心价值观的重要内容之一。

1. 社会主义核心价值观中"敬业"价值观的结构层次

"敬重、认同、珍惜并热爱自己所从事的职业"是敬业价值观最基础的内容，它集中表现为人们对自己所从事的职业的态度和感情。敬业价值观主要表现为四个层次。

第一层次的内容要求从业者要干一行爱一行，不能"人在曹营心在汉"。它强调的是公民个人、民族、国家对职业的价值和意义的高度认同，是社会主义核心价值观对从业者最起码的要求。

第二层次的内容要求从业者爱一行精一行，恪尽职守、精益求精、尽职尽责把自己所从事的工作做好。公民个人、民族、国家的责任意识，是敬业最大的内驱力。职责是人生的灵魂，也是每个人必须恪守的义务，如果说敬业价值观第一层次的内容侧重于人们对自己所从事的职业的态度，那么敬业价值观第二层次的内容强调的是要把工作做好，侧重于工作的效果，也就是我们所说的职责和义务。

第三层次的内容要求开拓进取的创新精神。创新是职业发展的力量源泉，是一个国家兴旺发达的不竭动力，是一个民族进步的灵魂。只有以创新精神从事自己的工作，才能发挥自身最大潜能推动事业的发展和社会的进步，才能展示从业者的价值。它强调的是公民个人、民族、国家的创新图强精神。这一层次的内容是中国特色社会主义建设的时代呼唤。建设创新型国家，实现中华民族伟大复兴的中国梦需要这种精神。

第四层次的内容要求把职业作为生命信仰。这是敬业价值观最高层次的内容，其核心是以人民为中心，全心全意为人民服务、为社会服务的奉献精神。把职业当作谋生的手段，或者把工作作为任务去完成，都只是一种外在要求，只有把职业作为生命信仰，把事业化为生命的内在要求，才能够实现职业与人生的合一。也就是说，敬业价值观的本质是一种信仰，它把一个人的信仰与职业紧密联系在一起，使从业者有了价值追求，并且在追求中获得幸福感。它体现了公民个人、民族、国家和全人类为了事业"尽己所能、无私忘我"的积极主动精神。

作为社会主义核心价值观的"敬业"是由上述既相互区别又相互递进的四个层次构成的有机统一体，这四个方面内容是一个层层深入的结构体系。

2. "敬业"从职业道德提升为社会主义核心价值观的主要依据

首先，敬业从职业道德提升为社会主义核心价值观，体现了"为人类工作、为人民群众谋幸福"的马克思主义价值观。马克思在《青年在选择职业时的考虑》中写道："如果我们选择了最能为人类而工作的职业，那么，重担就不能把我们压倒，因为这是为大家作出的牺牲；那时我们所享受的就不是可怜的、有限的、自私的乐趣，我们的幸福将属于千百万人，我们的事业将悄然无声地存在下去，但是它会永远发挥作用，而面对我们的骨灰，高尚的人们将洒下热泪。"[①] 马克思不仅创立了马克思主义学说，而且他把终身的精力奉献给了无产阶级的解放事业，开创了伟大的共产主义运动，立下了不朽功勋。"为人民群众的自由、解放和发展而奋斗"是马克思至死不渝的价值追求。

其次，敬业从职业道德提升为社会主义核心价值观，继承了中华民族敬业精神的精华。"艰难困苦，玉汝于成。""忧劳兴国，逸豫亡身。""生于忧患，死于安乐。"这些古语名言，作为历史的产物，今天仍然值得有借鉴地继承。强调做事勤勉努力、严肃认真、专心致志等中华民族敬业精神的精华，仍然是当代敬业价值观的重要内容，不会因为时代的变化而发生变化，我们要继承地赋予其时代内容。作为社会主义核心价值观的敬业，毫无疑义指的是实现中华民族伟大复兴的新时代中国特色社会主义大业。我们要从这样的高度来理解敬业，没有这样的高度，敬业就不能成为社会主义核心价值观。

再次，敬业从职业道德提升为社会主义核心价值观，是敬业精神缺失的现实呼唤。不可否认，改革开放四十年来，我国涌现出了一大批敬业的模范人物，正是在这样一种敬业精神的引领下，中国取得了改革开放的伟大成就。但是，我们也应该看到，受市场经济的负面影

---

① 《马克思格斯全集》第 1 卷，人民出版社，1995，第 459~460 页。

响，有不少人敬业精神严重缺失，"理想理想，有利就想；前途前途，有钱就图""钱多多干，钱少少干，没钱不干"成为一些人的信条；有些人甚至产生了"学得好不如嫁得好""宁愿在宝马车中哭，不愿在自行车上笑"等不劳而获、好逸恶劳的错误思想。"对学习不用心、对工作不专心、对客户不真心"的现象也十分严重。这些不敬业、畏艰苦的现象，严重影响了社会主义市场经济的发展和新时代中国特色社会主义建设目标的实现。

最后，敬业从职业道德提升为社会主义核心价值观，是改革开放新时期我们党对敬业精神认识不断深化的结晶。为了适应改革开放发展的要求，1996年10月10日，中共中央通过的《关于加强社会主义精神文明建设若干重要问题的决议》不仅将"爱岗敬业"作为社会主义职业道德的基本规范，而且要求在全民族树立艰苦创业精神，"坚决纠正损害群众利益的行业不正之风""大力培育爱岗敬业、方便群众、优质服务的敬业精神"。2001年9月20日，中共中央印发的《公民道德建设实施纲要》不仅将"敬业奉献"作为公民道德建设的基本道德规范，而且明确要求"要把道德特别是职业道德作为岗前和岗位培训的重要内容，帮助从业人员熟悉和了解与本职工作相关的道德规范，培养敬业精神"。党的十八大报告第一次将"敬业"作为社会主义核心价值观的重要内容之一，党的十九大报告再次强调要"营造劳动光荣的社会风尚和精益求精的敬业风气"。从上述党的重要文件对敬业精神认识不断加深的过程可以看出，敬业从职业道德提升为核心价值观，是改革开放新时期我们党对敬业精神认识不断深化的结晶。

总之，作为社会主义核心价值观的"敬业"是指中国人民在中国共产党领导下，在长期的职业生活实践中，积淀和形成的有关对职业的最根本的看法，是中国人民在革命建设改革实践中处理各种职业问题时所持的最根本立场、观点和态度。它体现了马克思主义价值观，继承了中华民族敬业精神的精华。它针对并力求解决广大人民群众普遍关心的根本问题，又体现了新时期中国特色社会主义的基本原则、本质特征和时代要求，是改革开放新时期我们党对敬业精神认识不断深化的结晶。

二　敬业奉献的本质

（一）　敬业奉献是一种工作态度

敬业奉献之所以被列为公民道德的基本规范，原因在于敬业奉献不仅是个人幸福的前提，也是社会进步发展的保障。

"敬业"总是和"爱岗"联系在一起的，它们互为前提，相互支持，相辅相成。"爱岗"是"敬业"的基石，"敬业"是"爱岗"情感的升华，是对职业责任、职业荣誉的进一步深刻理解和认识。一个不爱岗的人很难做到敬业，一个不敬业的人，很难说是真正的爱岗。所以，每个公民要真正做到敬业，首先，必须从爱岗做起。就是说，不论做什么工作，不论职务大小，都要立足本职工作，严肃认真，兢兢业业，脚踏实地，一丝不苟。其次，必须树立为人民服务的思想。要知道每个工作，每个岗位，都是可敬的，都是人民需要的。为人民服务不是抽象的一句空话，它体现在每个公民的具体工作之中。所以，每个公民只要树立了为人民服务的思想，就能在工作中勇于担当，团结协作，奋发图强。再次，努力学习和掌握现代科学知识，业务上精益求精。随着现代化建设和市场经济的发展，劳动分工越来越细，技术含量日益增加，竞争也越来越激烈。对每个公民的文化知识、业务水平、技术素质要求越来越高。一个公民如果只有敬业的良好愿望，却没有敬业的各种素质，敬业就无法落到实处。最后，坚守岗位责任，干一行爱一行。履行职责是每个公民的本分，岗位责任就是社会责任，是社会对每个公民的义务要求。所以，每个在职业岗位上的公民都要有明确的、执著的责任意识。

敬业和奉献是紧密联系在一起的。所谓奉献，就是一心为他人、为集体、为行业、为社会、为国家、为民族做贡献。有这种境界的人，从事工作的目的，不是个人的名利，也不是家庭的名利，而是有益于他人、集体、行业、社会、国家和民族。奉献是在自始至终贯穿着敬业等优良职业道德品质长期积累的基础上产生的。民航业是服务性交通运输业，也是国家的窗口行业。其工作态度和工作风貌直接展现着我们民航行业甚至国家的形象。像近几年通过"最美民航人""空管榜样"等活动展现的民航各单位的模范人物，他们之所以受到尊敬，被称为榜样，就是因为他们在各自的工作岗位上默默地为单位、为行业、为社会作了无私的奉献。

奉献是社会主义职业道德的最高境界。一个公民如果真正做到了奉献，他就能在工作中做到爱岗敬业、诚实守信、办事公道、服务群众、奉献社会。同时，奉献也是社会主义公民道德的最高境界。一个公民如果真正做到了奉献，就会无论在什么场所，都能够爱国守法、明礼诚信、团结友善、勤俭自强和敬业。奉献是无私的付出。雷锋曾说："人的生命是有限的，可是，为人民服务是无限的，我要把有限的生命，投入到无限的为人民服务之中去……"孔繁森同志也曾说："把自己当作泥土吧，让众人把你踩成一条路。"他们是这样说的，也是这样做的。这就是他们无私奉献观的最好写照。

敬业奉献是平凡的，因为它是每个人都可以做到的；敬业奉献又是伟大的，因为伟大出自平凡，没有平凡的爱岗敬业，就没有伟大的奉献社会。全面建设小康社会的伟大事业呼唤着越来越多具有爱岗敬业精神的人，实现中华民族伟大复兴的民航强国梦也呼唤着越来越多具有爱岗敬业这种平凡而伟大的奉献精神的人。具备爱岗敬业这种平凡而伟大的奉献精神的人，永远都是振兴行业的基石、支撑民族的脊梁。

（二）敬业奉献是人生价值所在

人对自身完美的渴求是没有终结的，实现自我、自我完善的过程和人的职业活动密切相关，职业活动是人实现自我的舞台，在职业活动中人可以自我确证，实现自己远大理想、美好的追求，彰显自身存在的意义和价值。如果一个人为了生存而敬业，生存的目的满足了，就会失去进一步努力的动力，工作的兴趣也会因此而下降。只有当工作摆脱了个人的生存需求而为社会服务的时候，个人的工作事业就不仅仅是谋生的手段，更是一种精神上的追求，工作不再是劳役，而是快乐和喜悦。人的真正乐趣不在于活动的结果，而在于活动的本身；实现自我的过程，就是劳动、创造和奉献的过程。马克思说，真正现实的人的存在，就是他为别人的存在和别人为他人的存在。也就是说，人同自身的任何关系，只有通过同他人的关系才能得到实现和表现。作为社会的人，人的自我价值就是社会价值在个人身上的体现，即你对社会的贡献就是你的个人价值。马克思用自己奋斗的一生证明了其青年时期的诺言，他用几十年的心血终于写成了举世瞩目的《资本论》，为人类贡献了不朽的精神财富，而他自己却常常负债累累、贫困交加。

事实上，敬业奉献不是英雄人物的专利，也不是只有英雄人物才能做到的，从事任何一项普通工作的人，无论你是航空公司的高管，还是普通的空中乘务员；无论你是行业管理部门的监察员，还是机场普通的消防员……只要你热爱自己的工作，尽心尽力，都能在平凡的岗位上做出不平凡的贡献。民航大国业已建成，民航强国仍需努力。要实现中国民航行业整体的提质增效，我们依然呼唤敬业奉献。只有提倡敬业奉献，使其在行业内形成一种敬忠职守、人人负责的良好风气，才能在行业内建成一支素质过硬、信仰坚定的民航队伍，才能为实现中华民族的伟大复兴梦、民航强国梦添光彩。

第二节　民航敬业奉献的文化及其传承

目前，我国正处于从民航大国向民航强国迈进的关键阶段。建设民航强国，离不开两个力量的积累：一是硬实力，主要包括先进的技术、设施和设备等；二是软实力，主要包括统一的思想、意志、目标和追求等，也就是我们所说的民航行业的核心价值体系。民航的核心价值体系是行业发展的重要基础和精神家园。其中，在永暑礁试飞工作中提炼出来的当代民航精神，正是新形势下社会主义精神文明建设在民航行业的具体体现，是新时代中国特色社会主义核心价值观与民航行业特点相结合的宝贵成果。

新中国民航事业伴随着共和国腾飞，在六十多年发展历程中，传承着历久弥新的优良作风，弘扬着引领行业的先进文化，积淀着薪火相传的精神财富。其中，中华民族敬业奉献精神对新中国民航事业的发展有着不可磨灭的促进作用。正是依靠一代代民航人爱岗敬业、艰苦拼搏、创新图强、无私奉献，才造就了今天世界民航大国的辉煌与灿烂，而民航人的汗水与付出也逐渐凝聚成推动民航持续向前发展、创造美好未来的敬业奉献的核心价值。新中国民航的发展历程是对中华民族敬业奉献精神的生动诠释。

一 敬业奉献是民航行业发展的内生需求

古人强调，不要把职业活动看成做事，而要把它当作"成业"。《左传》有云："有事无业，事则不经。"一个人是否有作为，不在于他做什么，而在于他是否尽心尽力地把所做的事情做好。敬业奉献是民族进步的动力源泉，是行业发展的内生需求，是时代精神的精髓所在。回首中国民航发展历史，无论是"能吃苦、肯奉献、敢打硬仗"的新疆民航精神，还是"缺氧不能缺精神，艰苦不能降标准""特别能吃苦、特别能战斗、特别能忍耐、特别能团结、特别能奉献"的老西藏精神……中国民航人始终在用行动实践和诠释着敬业奉献精神。敬业奉献是一代代中国民航人的本色，是中国民航人向国家、人民、时代的郑重承诺。

1949 年 11 月 2 日，新中国在人民革命军事委员会下设立民用航空局，从此开启了中国民航事业的新篇章。从这一天开始，新中国民航迎着共和国的朝阳起飞，开启了一段鲜为人知且极不平凡的发展历程。当时的新中国百废待兴，百业待举，我们也从没有办民用航空的经验，但从一开始，一种从无到有、迎难而上的奉献精神便注入民航人的血液中。为了迅速组建民航管理机构，毛泽东主席、周恩来总理发出指示：空军、民航需要人，就从部队点名好了，点到谁算谁。空军司令刘亚楼也指示民航：从部队选人要注意身体好、有一定文化程度的。到 1952 年，民航已经从中国人民解放军各野战军、各大军区抽调各级干部 240 余人。此外，还从各军政干校、华北革命大学调来参军、参干的青年知识分子 140 多人，又从社会上招收学生 1400 多人。他们和回归祖国的"两航"起义人员（共计 4000 多人）共同构成了新中国民航最初的队伍。在当时一穷二白的基础上，正是因为有了这支高素质、能吃苦、作风强的队伍，新中国民航事业在短期内就获得了较快的发展。1950 年 8 月 1 日，民航局开辟了天津—北京—汉口—广州和天津—北京—汉口—重庆两条航线，标志着中华人民共和国成立后国内民用航线的正式启用，史称"八一"开航。尽管当时航线不多，但新中国复航之快还是引起了国内外的瞩目。到 1951 年底，国内航线通航里程达 4365 公里。与此同时，中国民航还尝试开拓了通用航空领域。1952 年 7 月，中国民航第一家航空公司——中国人民航空公司成立。所有这些辉煌成绩的取得都是第一代中国民航人艰苦奋斗、无私奉献的真实写照。

之后，一代又一代民航人在机队更新、航线扩充、法制建设、机场建设等民航发展的重要领域，继续用灿烂和辉煌生动地诠释着中国民航人敬业奉献的本色。1974 年，中国民航实现了两年前制定的"飞出去"的战略目标，增加了多条国际航线，结束了过去二十多年来国际航线通航里程始终徘徊在 4000 公里左右的尴尬局面，初步改变了主要依靠外国航空公司提供我国国际空中交通运输的格局。这是新中国民航创立后的一次历史性转折，它标志着中国民航已经进入国际民航的活动领域。

经过多年的发展，中国民航的发展速度和整体质量都得到了很大的提升，成为名副其实的民航大国。截至 2016 年，中国民航运输的三项指标标分别达到 962 亿吨公里、4.88 亿人次和 668 万吨，运输总周转量连续 12 年稳居世界第二名；民航机队规模达到 2950 架，实现了与国际民航最先进技术的同步发展，在世界上居于先进地位；全国颁证民用运输机场 218 个，颁证的通用航空机场（不包括临时机场及起降点）71 个，机场数量及配套设施的保障能力得到进一步发展。

此外，民航运输安全和服务水平显著提高，民航空中交通管理和服务系统基础建设取得较大进步。特别值得一提的是，1996 年 3 月 1 日中国第一部规范民用航空活动的法律——《民用航空法》正式颁布实施，标志着中国民航正式进入法治化建设的快行道。

不难看出，新中国民航的发展历史是对中华民族敬业奉献精神的生动诠释。敬业奉献是中国民航一路走来，在世界民用航空领域获得一席之地的原动力，也是今后继往开来、阔步前进，最终建成民航强国，实现中华民族伟大复兴的民航强国梦的重要保证。正是一代代民航人的汗水与付出，逐渐凝聚成推动中国民航持续向前发展、创造美好未来的敬业奉献的核心价值。

故事 1

天山南北民航魂
——新疆民航实现运输飞行安全暨空防安全 60 周年系列报道

4 种机型，累计 108 万人次旅客发运量，3 万吨货邮运输量，这些数据在今天看来也许是微不足道的。但是，20 世纪 50～80 年代那 30 年间，这些数据却诠释出了新疆民航"能吃苦、肯奉献、敢打硬仗"的奋斗精神。

老一辈吃过的苦，今天的新疆民航人也许难以想象，但是新疆民航精神却一脉相承。自 1955 年至今的 60 年间，新疆民航创造了我国民航目前保持时间最长的安全纪录。这一难能可贵的成绩，与新疆民航"天山雪松的坚定信念、沙漠胡杨的坚忍不拔、戈壁红柳的无私奉献、绿洲白杨的务实真诚、草原骏马的锐意进取、雪域雄鹰的志存高远"的民航精神密不可分。

坚守

坚守，是新疆民航精神最为重要的一个方面。

在新疆伊宁县和尼勒克县的交界处，5 座险山围成了当地唯一的空中通道——阿卡拉山口。当地哈萨克牧民对阿卡拉山口的天气有这样一种形象的说法：它就像胡达女儿的胸口，一会儿高兴，一会儿发怒，难以捉摸。因此，1959 年，上级决定在阿卡拉山口建设气象站。

第一代建站人到达山口以后，没有水喝，只能取雪化水；没有燃料取暖，就从雪地里捡拾湿牛粪；一位同志的妻子在临产时没有医生，就自己忍痛剪断脐带……

在偏远的南疆航站，民航人要忍受沙漠、戈壁的寂寞，还要承受与家人长期分别的孤独与压力。一名和田安检站的小伙子曾经遭遇了这样的尴尬：未来的岳父岳母怎么都不肯把女儿嫁给他，怕女儿跟着他到戈壁上吃苦。但是他没有声张，依旧坚守在戈壁上，迎送着每一架飞机的安全起落。

直到今天，这种坚守的精神一直在新疆民航人身上闪光。全国劳动模范、乌鲁木齐机场候机楼管理部员工王智成说："如果我去内地甚至国外发展，外面的工作环境、待遇可能都比在这里好很多。但是我在新疆这么多年，对这里有感情，不愿意离开。"

自强

新疆民航所在地区存在"三苦一差"问题：自然环境苦，生活条件苦，工作环境苦，文化生活条件差。富蕴导航站一年无霜期不到100天，夏天早晨还要穿棉袄，冬天最冷时气温达零下45摄氏度；而在吐鲁番导航点，地势低于海平面154米，夏天气温常常高达45摄氏度，风沙一来昏天黑地，窗户、桌上常常是一层沙子。就是在这样的工作环境中，新疆民航人用自强不息的奉献精神，保障了一架架航班的正常起落。

新疆民航流传着"三个玛利亚"的故事。其中的一位玛利亚是一名空姐，自1979年开始飞行，到2011年停飞，整整飞了近32年。说起那些在天上飞的日子，如今已届退休之年的玛利亚眼中闪着光。她说："那时候条件差，乘务员除了为旅客服务外，还要做一些飞机清洁、维护工作。那时飞机的性能也没有现在的好，空调的冷暖风要到起飞以后才有。冬天起飞前，飞机里冷得像冰窖一样，我们的衣服很快就被冻透了，甚至冻得都说不出话来。"

而这些都还不算什么，最困难的大概就是在夏天飞南疆航线。那时的小飞机飞不高，遇到夏季戈壁沙漠上空的强烈气流，就会产生剧烈颠簸。"飞机上的旅客没有不吐的。乘务员也会吐，但是吐完了还要帮旅客清理呕吐物，给旅客送水、搓背，缓解他们的不适。那时候飞机航程短，飞一次南疆中间要经停三四个航点。每次经停，都会有旅客被颠得躺在机坪上不想再飞了。但是，他们看到我们乘务员小姑娘都那么坚强，他们也都不好意思了。"

厚德

新疆是多民族聚居之地，各个岗位团结互助，新老员工间"传、帮、带"是新疆民航的老传统。在一些偏远导航台站，这种团结的精神表现得更加突出。

在位于祖国西北角的塔城导航站，守护民航"灯塔"的卫士们每天要为超过60架次的航班指引方向。这里距离市区30公里，最近的居民区是个牧场，也在五六公里之外，塔城导航站的员工们几乎是生活在一个"与世隔绝"的环境中。塔城的冬天风大雪大，有一次，台站的甚高频天线被大风吹得接触不好。当时风雪很大，温度是零下27摄氏度，而天线安装在候机楼屋顶一个6米高的天线架上，全疆导航站里唯一的维吾尔族工作人员——健民自告奋勇上去做防水和固定处理。上去20分钟后，风雪刮得他睁不开眼睛，脚冻得站不稳，他只好先慢慢摸着爬下来。同事们用嘴给他吹开眼睛，他再爬上去继续完成工作任务。健民经常说的一句话就是："我会值好每一班岗，我会像爱护自己的眼睛一样爱护我们的民族团结。"

正如民航新疆管理局局长张忠华所说："新疆民航60年来取得的成绩，是几代新疆民航人从一穷二白的行业基础上干起来的，从极端恶劣的自然条件和困苦中拼出来的。今天，站在新的起点展望未来，我们要传承的不但有光荣传统，更有新疆民航的'六种精神'和持续安全的神圣职责。"在我国西部大开发直至如今丝绸之路经济带的建设进程中，新疆民航更加需要继续传承发扬这种精神，凝聚更多民航人扎根新疆、奉献祖国，为新疆民航事业的远大发展而努力奋斗。

（资料来源：摘编自《中国民航报》2015年1月12日，第1版。）

二 敬业奉献是民航职业道德的灵魂所在

如果说坚定的理想信念是人的精神动力源泉，那么树立正确的道德价值观，则可以使人明辨是非善恶，判断行为得失。孔子说："道之以德，有耻且格。"就是说道德是一种发自内心的自觉自律，只有加强道德的教育，人们才会有知耻之心，"为所当为，止所当止"。2001年，中共中央颁布的《公民道德建设实施纲要》指出：重在建立以人为本，在全民族牢固树立建设有中国特色社会主义的共同理想和正确的世界观、价值观、人生观，在全社会大力倡导"爱国守法、明礼诚信、团结友善、勤俭自强、敬业奉献"的基本道德规范。1996年，《中共中央关于加强社会主义精神文明建设若干重要问题的决议》规定："爱岗敬业、诚实守信、办事公道、服务群众、奉献社会"是我们今天各行各业都应共同遵守的职业道德的五项基本规范。

作为社会主义基本道德规范体系的重要组成和具体表现，民航职业道德规范是一种更为具体化、职业化、个性化的道德范畴。它是全体民航从业人员在长期的职业生活中逐渐地把"保证安全第一，改善服务工作，争取飞行正常"的总方针和"人民航空为人民"的宗旨内化为高度的职业责任感和事业心，并体现在各自的工作中，在此基础上所形成的与之相应的各种道德行为规范的总和。其中，敬业奉献，作为公民应当遵循的基本价值规范，也是民航职业道德的灵魂和精髓所在。爱岗敬业是民航职业道德的基础和核心，无私奉献是民航职业道德最高要求，体现了当代民航职业道德最高目标指向。

经过六十多年的奋斗，中国民航已经成为世界第二大航空运输系统，取得了举世瞩目的辉煌成就，民航在国家和经济社会发展中的战略地位和作用日益显现。这些成就的取得是一代代新中国民航人艰苦奋斗、励精图治、敬业奉献的结果。历史和现实充分证明，中国民航是一个作风优良、勇于担当的大集体，是一支党和人民完全可以信赖的队伍。特别是在近年来抗击冰雪灾害、汶川玉树抗震救灾和执行奥运会、世博会、亚运会、大运会、世园会、G20等重大航空运输保障任务，以及历次重大海外救援、撤侨任务中，中国民航人经受住了考验，向世人交出了满意答卷。特别要指出的是，在发展历程中，民航形成了优良的行业精神和文化传统，其中所蕴含的热爱民航、服务大众、使命职责高于一切的信念和精神，在面对各种困难时所展现的强烈民族自尊心和顽强拼搏的气概，是中国民航弥足珍贵的精神财富，应该在新的时期特别是在建设民航强国的征程中继续大力弘扬。

民航高投入、高风险的行业特性要求我们要崇尚脚踏实地、精益求精的朴实严谨作风，贬斥那种"大事不得、小事不为"的浮华习气。要干一行、爱一行、精一行、通一行。民航发展，空管先行。冯正霖局长在空管运行一线调研过程中曾经讲道："空管是保障民航飞行安全的重要支柱之一，在民航的各项工作中处于中心地位，岗位重要，责任重大，使命光荣。"保障空管运行安全离不开通信导航技术保障专业队伍，其中有一个几乎不为人所知的特殊群体，那就是民航空管系统长期坚守在通信导航边远导航台站的一线职工。据统计，目前全国有超过 600 个空管导航或者雷达站台，它们是通信导航监视系统的最基层，是通信导航系统的"毛细血管"，由于工作需要，往往大部分地处偏远地区。这些平凡岗位上的导航人几乎常年驻守在条件艰苦的边远台站，为民航运输航路的畅通和飞行的安全，默默地奉献。民航人敬业奉献的职业操守在他们身上体现得淋漓尽致。

故事 2

大漠中永不消失的电波
——内蒙古空管分局雅布赖国际导航台

雅布赖小镇是一个袖珍型的镇子，坐落于巴丹吉林沙漠和腾格里沙漠的交汇地带，没有多少人家，零零散散地分布着一些小商店和小饭馆。一条约 2000 米长的主干道，两旁茂密而笔直的白杨，在瑟瑟秋风中展示着它们独有的风骨。

镇子里有两个在十里八乡都很出名的单位：盐场和导航台。与雅布赖 600 多年的采盐史相比，建台刚满 36 年的导航台的分量似乎并没有那么重。但这个偏远小镇上的导航台却是我国西部航路上的一个重要的国际导航台，担负着我国通往西欧、西亚、北非和中东地区的航路导航任务以及国内西北地区部分航线的导航任务。

胡有格、张文红、张永文、潘多明、杨吉刚这 5 个男人，就是导航台的全部员工。穿云破雾的航班在天空中阅尽都市繁华，而 5 位导航台的守护者却在狂飙的飞沙与凄冷的寒风中忍受着孤独与寂寞。他们用 36 年的坚守，向天空发出永不消逝的电波。

苦中作乐，体会生活的点滴变化

"导航台有现在的规模不容易啊。"胡有格回忆说，"1981 年导航台刚建台那会儿，这里就是一个垃圾坑，周围只有零零散散的人家。我们用推土机把垃圾推平、掩埋，搬砖头，装暖气，挖地沟……一砖一瓦地亲手将导航台建了起来。"

雅布赖的水质出了名的不好，含氟量高，用来浇树都不容易活，因此所有的蔬菜是外地供应的。曾经为了抢菜而挤破过两件衬衣的张永文说："过去全镇人一星期只有一车菜，菜来了大家都去抢着买。从 1997 年开始，这里有了菜市场就好多了，无论是冬天还是夏天，我们都能吃上新鲜的蔬菜。虽然品种不是特别多，价格也比较高，但我们已经很知足了——最起码，省了衬衣钱。"平时沉默寡言的张永文谈起往日的糗事也忍不住幽默了一把。

设备更新，跟上导航的发展步伐

从 1981 年导航台正式开始启用时，胡有格、张文红、张永文、潘多明就来到了这里。那时通信技术还不发达，还在使用电报的形式与兰州区调取得联系。"当时我们 4 个人中有两个报务、两个机务，两人一组 24 小时不间断工作。"副台长张文红如是说，"那时和现在不一样，现在的机器是 24 小时开机的，可那时候我们收一次电报或者发一次电报就要开一次机。有时候遇后半夜的航班，我们也要及时把设备打开，发电报与兰州区调联系，保证飞机朝着指定的航向飞行。与工作的辛苦相比，最痛苦的是当时那个设备噪音很大，听噪音时间长了，头会涨得难受"。这种工作状态一直持续了 14 年，直到 1995 年设备更新。

如今，雅布赖导航台正在使用的是一套更为先进的机器——NDB-500 型归航机和全向信标台。新的设备和技术跟上了空管导航发展的步伐，但与此同时，新设备上的英文标注，又给这几位平均年龄已经超过 50 岁，且都没有正经地学过英语的导航人带来了新的难题。为了更准确地操控这些机器，他们一个一个地对着单词字母去看说明书，直到熟练记住每个按钮的位置和功能。

风沙为伍，发射的电波却从未停止

在雅布赖当地，流传着这样一句谚语："一年一场风，从春刮到冬；一天三两土，白天不够晚上补。"对于已经在这里坚守了 36 年的雅布赖导航人来说，与风沙为伍、与戈壁为伴的日子早已习以为常。

1994 年，雅布赖遭遇了百年一遇的特大风沙暴，肉眼能看到的距离不足 1 米。就在大家都担心导航台会不会被埋，风沙会不会使设备无法正常工作的时候，只有万米高空的飞机知道，从雅布赖导航台发射的电波一分钟也没有停过。

2004 年夏天的一个晚上，正准备睡觉的胡有格被震耳欲聋的雷声惊起。胡有格和值班员风一般地冲到天线架下，才发现原来是强大的风力与笼形天线高速摩擦产生的静电，把天线避雷保护器烧坏了。天线发不出信号，危及航路安全，事关重大。那一刻，他们没有丝毫犹豫，冒雨爬上 30 米高的天线架，连夜抢修，直到电波又能够重新发射到雅布赖的上空为止。

事实上，类似的事情还有很多很多。雅布赖导航人无时无刻不在接受恶劣自然条件对身体和精神的双重考验。他们用顽强的意志和乐观的精神，谱写了一曲动人的空管保障之歌。

再苦再难，对于未来仍会有期待

除了风沙，最让雅布赖导航人头疼的就是子女的教育问题。

19 年前，小镇上有小学、初中和高中，镇上的孩子很多都在本地上学。但后来镇上的高中和初中由于没有生源而被迫关闭了。张文红的女儿，当年刚上初中，就被转到金昌去读书了。杨吉刚的儿子，现在也被送到了金昌上学，由爷爷奶奶照顾。杨吉刚夫妇一有空儿就去金昌看看儿子。"每年车子往返金昌的里程就有 3 万多公里。"杨吉刚说，"儿子上大学是我的一个心愿，一辈子坚守在台里则是我的另一个愿望。"

如今，导航台的大部分员工的子女已经就业，度过了最头疼的时候。而对于未来，他们有着自己的想法和打算。喜欢剪纸、绣十字绣的张永文希望以后有机会能上一个老年大学，丰富自己的生活。"我守在这里已经 36 年了，在这期间我享受着这里的人和事给我带来的快乐。等退休后，我想让我的另一种生活也同样充满快乐"，张永文的眼睛里充满了对未来的期望。

内蒙古向来就是一个重情重义的地方，而那大漠深处的雅布赖导航台，更是如此。胡有格、张文红、张永文、潘多明、杨吉刚 5 位导航人，每天挂在他们嘴边的，他们目光所停留的，拖着他们双脚不停转圈的，就是油机房、配电房、设备机房，还有地沟里的电源线、架高了的设备机房通信线和监控天线。他们在这里将自己的青春全部奉献，甚至一干就是 36 年。这都源于他们对导航工作那份浓浓的"爱"和深深的"情"。

（资料来源：摘编自《中国民航报》"边远台站万里行"系列报道，2011 年 12 月 24 日，第 2 版。）

实际上像胡有格、张文红、张永文、潘多明、杨吉刚 5 位导航人 36 年如一日的甘于寂寞、无私奉献的普通民航人的事迹并不鲜见。大量的事实证明，越是条件艰苦的环境，越能显现出民航人爱岗敬业、甘于奉献的民航职业道德。永暑礁登岛考察的 18 名专业技术人员在所乘滚装船的底舱和衣席地而睡，三天两夜克服了海上风急浪大、极易晕船的困难，放弃了与家人中秋团聚，坚守在工作岗位上。永暑礁高温、高湿、高盐，风大、灰大、暴晒，蔬菜水果和淡水资源严重匮乏，提前上岛的 9 名技术保障人员，住在集装箱改装的简易宿舍，顿顿吃着土豆洋葱肉块的饭菜，却依然保持积极乐观的态度和高昂向上的士气，在近 2 个月等待任务期间，召开 16 次专题会议，开展 19 次业务培训，进行 7 次驻地管理和人身安全教育，先后 17 次巡检测试设备，开展 1 次军民协同保障演练，扎实做好各项保障准备。在执行任务过程中，有的同志顾不上照料年迈生病卧床的老母亲，有的来不及照顾自己刚满周岁的孩子，有的在岛上度过了自己 36 岁的生日……校验试飞任务的圆满成功，对于每个参与者都是人生中一次刻骨铭心、铭记终身的经历。

总之，六十多年的民航发展历史与经验告诉我们，敬业奉献是民航行业发展的兴业之魂。正是我们每一个民航人，无论是飞行员、管制员、机务员、乘务员，还是其他任何岗位上从事与安全、服务、经营、管理有关工作的人员，踏踏实实秉持敬业奉献的职业操守，并把它变为内心的道德纪律，才有了中国民航当前运行安全持续保障、服务品质持续改善、运行效率持续提升、经济效益和竞争优势持续提高的大好局面。

三　敬业奉献是民航真情服务的固本之源

新中国民航创建六十多年来，一代又一代民航人秉承"人民航空为人民"的宗旨，不仅把中国民航建设成为世界上第二大航空运输系统，而且为广大旅客提供了安全、高效、快捷的航空服务，奠定了民航服务在综合交通运输体系中的标杆地位。如今，在全面建成小康社会的决胜阶段和建设民航强国的关键时期，继续保持和发扬为人民服务的优良传统，不仅是进一步发挥民航业作为战略性产业的重要作用，提高行业竞争力的必然要求，更是贯彻落实党的十八届五中全会提出的共享发展理念和以人民为中心的发展思想的必然选择。

民航作为国家综合交通运输系统的重要组成部分和关系经济社会发展的重要战略产业，提供优质服务既是职责所在，也是发展所需，更是人民所盼。2016 年，民航局党组提出"一二三三四"总体工作思路，树立了"发展为了人民"的理念，将"真情服务"纳入要在工作中坚守的"三条底线"，强调真情服务是民航作为服务行业的本质要求，是"人民航空为人民"宗旨的根本体现，是坚持飞行安全、廉政安全的出发点和终极目标。

民航业是服务性交通运输业，也是国家的窗口行业，其服务品质直接影响着民航行业形象与我国国家形象。在我国，民航运输服务历来是高端服务的代名词，对国内的服务行业发挥着重要的引领作用。作为一个与社会发生广泛联系的窗口服务型行业，民航在业内提倡真情服务，不是夸夸其谈，不是虚情假意，更不是权宜之计。真情服务是全心全意为人民服务的具体表现，是民航未来发展的内生需求与切实保障。民航真情服务提倡的是真心实意为旅客服务，确保旅客在乘机出行时能够感受到舒心、安心、放心和顺心。这是新时期"人民航空为人民"的客观要求，是航空运输企业切实履行和承担社会责任的具体表现，是每位民航人恪尽职守、勤勉工作的终极目标。

俗话说，细微之处见精神，点点滴滴见真情。民航人爱岗敬业、无私奉献的精神就是从一个个再平凡不过的岗位、一个个再平凡不过的团队、一个个再平凡不过的员工，在点点滴滴的日常工作中，通过真情服务表现出来的。在新中国民航创建六十多年中的两万多个平凡的日子里，总有那么一群人，在狭小的飞机驾驶室里牢牢地握住操纵杆，他们要确保飞行安全；在万米高空的客舱里忙前忙后，他们要保证服务品质；在或风雨交加，或冰雪严寒，或酷暑骄阳下的停机坪上严谨地排查着故障，他们要确保飞机适航；在指挥室里用心地注视着显示屏，他们要保障航路通畅；在人声鼎沸的机场出发大厅里高效地发放登机牌，他们要让旅客满意；在拥挤的安检通道上尽责地核查细节，他们要排除安全隐患……他们是谁？他们是飞行员、是乘务员、是机务员、是管制员、是值机员、是安检员，他们都有一个共同的名字——中国民航人。大道至简，知易行难。他们兢兢业业、任劳任怨，无论是在航班正常还是不正常的情况下，他们都用民航人爱岗敬业、无私奉献的职业操守，将真情服务始于心、源于诚、现于行、融于情，贯穿于旅客进出港全流程，诠释着民航高端服务和标杆服务的内涵。

"怎么才算是爱岗敬业？我认为，无非是我们在日常工作中把自己的责任承担起来，在工作中多思考一些，多追求一些。具体到自己现在的业务工作，我认为就是将心比心，怀着真心和真诚去为旅客服务。很多时候，换个立场，站在旅客的角度去想一想，有些问题理解起来就变容易了，而且也不难找到解决方法。"国航西藏分公司生产保障中心现场协调员杨云对敬业奉献的理解代表了几十万民航一线员工的心声。

此外，在团队建设方面，各民航企事业单位涌现出诸多典型。例如，活跃在航站楼服务一线的首都国际机场国门大使，身穿典雅的金色中式套装的姑娘们，深知"中国第一国门"的重大意义，面对数以千万计的旅客力求做到"问不倒"。9 年间，问询大使始终坚持以旅客需求为导向，通过每日的"必修课"、定期的"专业课"和不定期的"选修课"，不断在日常工作中充实自我，积累关于航站楼业务的知识，甚至是机场外的常见问题，经过"时空"的跨越和洗礼，她们犹如一本厚厚的问讯宝典，练成旅客出行的百科全书。在航班大面积延误、特殊旅客求助等突发情况下，问询大使从容地为旅客提供准确而温馨的服务，赢得了"金色郁金香"的美誉。"不学怎么能做旅客的百科全书呢？怎么能满足旅客需求呢？"这是郁金香似的姑娘们常挂在嘴边的话。

在客舱服务方面，我国各大航空公司更是用她们的真情服务感动了国人、征服了世界。其中，国航、南航、东航、海航等客舱服务品牌已经得到国内外旅客的广泛认可，先后获得了国内和国际众多知名奖项。其中，国航著名的金凤乘务组在 2014 年被中共中央宣传部授予"时代楷模"称号。

故事3

蓝天上的"雷锋班组"
——记"时代楷模"国航金凤乘务组

1994 年，国航成立金凤乘务组，将其作为传承发扬时代精神的载体和榜样。20 年间，国航先后有千余名乘务员在金凤乘务组锻炼成长，他们都是金凤人，言行中都带着深深的"金凤"烙印。

挺身而出，真情服务

"从金凤乘务组成立起，金凤人就永远冲锋在前，主动挑起责任重担"。的确如此，在祖国和人民需要之时，金凤人永远是第一时间主动请缨，为国分忧解难。

1999 年 5 月，以美国为首的北约轰炸我国驻南斯拉夫使馆，中央决定派遣专机前往贝尔格莱德，运送伤员和遇难记者骨灰回国。从空中飞越北约军事封锁下的南联盟领空，前往战火纷飞的贝尔格莱德，危险不言而喻。在这关键时刻，金凤组的组员们挺身而出，主动要求执行此次任务。金凤组执飞的这架专机，是自南斯拉夫遭北约空袭47天以来，降落的第一架民航客机。

2011年2月22日，一场自中华人民共和国成立以来最大规模的撤离海外公民的行动在北非国家利比亚拉开了序幕。从2月23日国内首架撤侨航班——国航航班——起飞，到3月5日撤侨行动结束，在国航执行的28架次飞行任务中，始终能看到金凤人的身影。为了安抚受到战火惊吓的同胞，金凤人重新设计了客舱广播词。"同胞们，我们受党和国家的委托来接你们回家了！"广播词一经播出，客舱内就会爆发出热烈的掌声和"祖国万岁"的欢呼声。由于担心同胞过度饥饿，进食太快造成肠胃不适，金凤人先为同胞们递上温热的八宝粥、小烧饼和小咸菜。金凤人的这种服务方式，在此次撤侨航班上被广泛采用。金凤乘务组的一名主任乘务长王建兵在日记中这样写道："今天我感受到了这身制服的特殊价值所在，国航人就是要在祖国需要的时候，招之即来、来之能战。"

乐业敬业、创新进取

热爱空中乘务员这份工作，是金凤人共同的特征。因为爱岗，所以敬业。一代代金凤人把青春献给了蓝天，把热情赋予了工作，把才智献了岗位，把温馨带给了旅客，已经成为"爱服务、会服务、懂服务"的行业标杆。"执行航线飞行任务，金凤人更让人放心。所以，国航每一条新开航线，都会让金凤组首先执飞。"国航股份客舱服务部总经理黄宗瑛说。

金凤组执行航班首航任务时，会根据新开航线的特点，在航班上开展主题活动，还会注意总结该航线的特点，帮助公司制订更加适合该航线的服务计划。2014年5月5日，国航开通北京—维也纳—巴塞罗那航线；2014年6月10日，国航开通北京—华盛顿航线。"这两条航线的特点明显不一样。"金凤人、安全服务室高级副经理杨静轩说，"从通航点来看，北京—维也纳—巴塞罗那航线是一条富有艺术气息的航线，我们就在航班上精心策划了合唱活动；而在北京—华盛顿这条充满政治味儿的航线上，我们则为旅客发放了梦想之旅的宣传手册和开航纪念明信片。"

这是一个需要创新的时代。自2008年金凤组率先提出"主题航班"的概念以来，每逢重要的节日来临、新航线开通，金凤组组员就会精心设计活动，为旅客提供令人惊喜的服务。在日常的航班服务中，金凤组组员会仔细观察旅客需求，主动改进服务，优化服务流程。改进后的服务或者优化后的服务流程一旦广受旅客好评，则会被确定为国航客舱的服务标准。在长距离航线上，经济舱餐饮同步配送；为高舱位旅客提供服务；在飞机起降时对旅客广播致谢……国航这些服务标准的确定，金凤组功不可没。

予人玫瑰，手有余香

空中服务工作很平凡，也很琐碎，但只要真心付出，就会换来旅客的信任，这已经成了金凤人的共识。"我们曾经在高空中帮旅客求婚，在客舱中救过婴儿。当我在北京到印度德里的航班上，成功抢救了一名患有心脏病的婴儿时，他冲着我笑，我觉得那是世间最灿烂的笑容。"钟丽动情地说。

"我们的核心价值观无法用语言形容，都是用行动表现出来的。"金凤人、乘务员管理部六部督导经理郭峰表示。一次，在金凤组执行的从温哥华飞往北京的航班上，一位老先生从卫生间出来后突然昏倒且大小便失禁，乘务组第一时间组织进行机上急救，而他和老伴的衣物都在托运行李中。老人强烈的自尊心和身体不适使他不愿让乘务员靠近。金凤组的乘务长与他老伴沟通，说服老人在卫生间脱下脏衣裤，用毛毯裹住身体，调整座位以便他们更好地休息，其他乘务员在将卫生间擦拭干净的同时，还为老人洗干净了弄脏的衣裤。当乘务长把烘干的衣裤拿过来时，两位老人惊呆了。他们紧紧握着乘务长的手说："儿女都不见得能做到这种程度啊，你们胜过了我的儿女。"类似的故事经常在金凤组执飞的航班上上演。

（资料来源：摘编自《中国民航报》2014年8月1日，第1版。）

感人心者，莫先乎情。践行"真情服务"，出发点在"情"，落脚点在"行"，归根到底还是要真抓实干。只有真抓实干，旅客才能在出行中真正感受到民航服务品质的提升，才会更加安心、放心、舒心出行。新中国民航六十多年的发展历程，本身就是一部民航人真情服务、真心奉献、服务人民、奉献社会的光辉历史。真情服务不仅是民航事业的历史传承，更是新时期民航全面深化改革发展的时代要求。特别是党的十八大以来，党和人民赋予了民航真情服务更高的期待和要求。

第三节　敬业奉献——民航人一直在路上

民航强国的战略构想给民航人指明了未来的发展方向，"一二三三四"的总体思路给民航人指明了具体的实施路径。目标的实现需要每一位民航人共同努力，爱岗敬业，无私奉献，永不放弃。该目标的提出正是在新时期、新阶段中国民航敬业奉献价值理念的生动反映，只有毫不动摇地坚持以敬业奉献的价值理念为引领，新时期中华民族伟大复兴的民航强国梦才能早日实现。在新的形势下，民航强国建设与发展任重道远。在具体实践中，可以从下面几个方面入手，进一步弘扬和践行新时代中国特色社会主义的当代民航敬业奉献精神，百尺竿头，更进一步。

一　强化实干作风

实干作风是培养民航敬业奉献精神的基础。与其他行业相比，民航是一个高投入、高技术、高风险的行业，航空运输安全事关人民群众的生命财产，事关社会稳定，事关国家安全。任何一项活动都离不开从业者踏踏实实的苦干和勤勤恳恳的积累，埋头苦干和勤奋积累是培养敬业奉献精神的首要环节。

如何才能培养民航人的实干作风呢？最重要一条是首先要对民航有"深切的了解"。俗话说，"知之深，爱之切""爱之切，责之深"。爱岗敬业、无私奉献，首先要从了解民航发展实力、建立个人责任心开始。既要看到中国民航发展六十多年来取得的伟大成就，又要看到我们在空域资源、民航服务品质、适航审定能力、应急处置能力等方面的短板以及同世界民航发达国家之间的差距；既要骄傲于改革开放40年来中国民航持续稳定增长的发展速度和辉煌成就，又要意识到现阶段越来越凸显的行业发展速度与保障资源不足、保障能力不强之间的矛盾……只有深切地了解中国民航的发展历史和战略目标，我们敬业奉献的热情才能有更加明确的方向，敬业奉献的行动也才会有源源不断的动力。只有这种"深切的了解"，责任心的种子才能在我们的心中坚定地萌发；只有这种"深切的了解"，在遇到个人与集体的矛盾时，面临理想和现实的选择时，我们才能从更开阔的视野去看待，在更高的层面去取舍，把个人的人生信仰与民航事业的前途紧密联系起来。

正是因为这种"深切的了解"，让像陈清志这样的西藏民航人秉持老西藏精神，使西藏民航建设从最初的当雄机场一条3500米的土基沥青道面跑道起跑腾飞，发展到现在拥有4E级拉萨贡嘎机场，4D级昌都邦达、林芝米林、阿里昆莎机场和4C级日喀则和平机场。也正是因为这种"深切的了解"，让一代又一代民航人对民航事业产生了"深深的热爱"，由此坚定地将民航事业作为自己的人生信仰和价值追求，陪伴着中国民航从伊尔18到C919，从屈指可数的螺旋桨"机队"到庞大的喷气式机队，从马灯照亮的土跑道到遍布全国的现代化的航空港，从寥落稀疏的导航台到覆盖全国的雷达网，从当年军事化的封闭管理到如今的行业政府监管，中国民航走过了创业、发展，直到现在的辉煌。

总之，深入了解民航事业灿烂历史和伟大成就，有助于培养和激发我们的爱岗敬业、无私奉献的热情，有助于引导和鼓励我们从点点滴滴做起，踏踏实实地沉下去，切实发扬实干作风。

故事 4

一块坚硬的高原铺路石

——记西藏区局陈清志

1992 年正式进入西藏民航的陈清志，2005 年被派到邦达机场这座当时西藏海拔最高的机场（当时也是世界海拔最高的机场）担任站长，一干就是 3 年。2009 年，他又带着 100 多人的"部队"——阿里航站建站人马——进驻狮泉河镇（阿里地区行署所在地，距阿里机场五十多公里），开始在阿里这个平均海拔超过 4300 米的地区生活。陈清志成为第一个在两座海拔 4000 米以上的机场都担任过行政主管的人。

西藏的地理、气象条件都极为复杂，民航运营面临着比其他地方更大的安全压力。陈清志说，阿里机场的海拔比邦达机场海拔低了几十米，短期的高原反应也没邦达机场那么厉害，长期来看却比邦达机场更难。邦达机场所在的昌都市，市区海拔只有 3300 米，机场员工不值班，或者出现严重高原反应时，下到 120 多公里外的昌都市区就好。但阿里机场去往狮泉河镇海拔反而又高了几十米，高原反应会更强烈。

为什么上级会让陈清志一次又一次地肩负这一艰巨的任务呢？翻开陈清志的履历表，答案不言而喻。原来，陈清志 1982 年就已经入藏，是一名地道的老兵。1992 年，他从安检岗位进入民航，做过公安，管过护卫。军人雷厉风行的作风、良好的身体素质是他敢于在邦达、阿里打拼的基础条件。另一个让组织青睐陈清志的原因是他爱想事、能做事。在邦达航站担任站长期间，这座运营十多年的老机场开始了第一次扩建，航站楼面积扩大了，停机位增多了，为后来的生产保障打下了基础。在阿里航站工作期间，他带着大伙儿健全制度，理顺工作和生产保障流程，培养好的生活和工作习惯，让阿里航站的运行保障快速走上了正轨。在邦达航站，陈清志针对高原机场无形的杀手"风切变"展开治理，在自动观测站的基础上，增加了气象人员在跑道边上的目视观察，形成了"双保险"。在阿里航站，他则努力做区局、航空公司和阿里地区间的桥梁，向区局和航空公司争取开通更多阿里航线，向阿里地区人民解释为什么阿里航线的票价较高、航班要减载……

用陈清志的话说，在高原缺氧环境下，每一天都做好本职工作的坚守就是奉献。他强调自己只是一块很小的铺路石，但高速公路的车子之所以跑得快，不就是要靠一颗颗铺路石做支撑吗？

（资料来源：摘编自《中国民航报》"西藏民航安全飞行 50 周年"系列报道 2015 年 9 月 16 日，第 2 版。）

二　强化奉献思想

奉献思想是培养民航人敬业奉献精神的核心。奉献意识是一种忠诚于劳动、奉献于事业和集体利益的崇高思想，它要求从业者充分意识到自己的主体性、能动性、创造性，强调要以敢于吃苦、忠实可靠、奉献牺牲的态度对待自己的工作，即使缺乏外在条件，从业者也要调动能动性，"没有条件，创造条件也要上"。奉献思想孕育着丰富的创新因素，是实现敬业奉献精神本质的必要条件。

强化奉献思想，就是要摆脱金钱名利的困扰，正确认识和处理好苦与乐、得与失的关系，耐得住寂寞、守得住清贫，守护好精神高地。耐得住寂寞，守得住清贫，就是在面对诱惑时，要始终保持一颗平常心，通过自身积极的调节寻求心理平衡，做到淡泊明志，宁静致远。把心思用在工作上，身子扑在事业上，正确对待个人名利得失，干实事、求实效。耐得住寂寞，守得住清贫，就是要慎独自律，防微杜渐。在日常工作、生活中重视自己的道德尊严和人格形象，珍惜自己的人格魅力和社会声誉。耐得住寂寞，守得住清贫，就是要从小事做起，培养和坚持健康理智的生活情趣和积极向上的道德追求。古往今来，那些走上腐化堕落、违法犯罪道路，落得身败名裂下场的人，往往是从不计生活作风"小节"、贪图安逸、追求享乐开始的。"历览前贤国与家，成由勤俭败由奢。"说的就是生活作风这看似小事，但可导致国破家亡的后果。

上航54岁"劳模"空乘吴尔愉，一再谢绝社会企业的高薪聘请，始终坚守在基层一线飞行，为成千上万的从她身旁经过的人奉献着微笑、奉献着温暖、奉献着信仰；南航深圳分公司52岁的"功勋飞行员"穆林已翱翔蓝天35年，依旧飞行在不同的城市、不同的国家，早已习惯了没有周末，习惯了不回家过年，也习惯了经年累月与"时差"做伴；山航工程技术公司烟台维修基地蓝翼班组丁俊凯，一名普通的机电员，他用自身的行动注释了一个党员的价值，在平时一点一滴的小事中奉献自己，完美诠释了"特别能吃苦，特别能战斗，特别能奉献"的机务精神；6万余名首都机场人，以雷锋的名义，数十年如一日展示着"中国第一国门"的精神气质，做国家形象的展示者、中华文明的传承者、良好社会风尚的创造者，让雷锋精神在实践中凸显价值，在践行中不断丰富和升华……这些在平凡的岗位上做着平凡的事的民航人，用他们默默无闻的行动，生动地展示着中国民航人敬业奉献的文化与传承。

奉献思想，是跨越赶超的力量之源。民航人要不断练就善于担当踏实肯干的硬功夫，提振无私奉献的精气神，坚定信心、乘势而上，再创发展新优势，再铸发展新辉煌，为实现中华民族伟大复兴的民航强国梦凝聚更多的正能量！

故事5

让雷锋精神照亮国门

——记首批"全国学雷锋活动示范点"单位之一首都机场股份公司

2016年，首都机场股份公司作为全国民航唯一的单位、北京市唯一的窗口单位，荣获了中宣部授予的第一批"全国学雷锋活动示范点"荣誉称号。这背后是首都机场人数十年如一日践行雷锋精神，爱岗敬业、勤恳踏实和无私奉献成果的体现。

6万首都机场人精神的会聚

为了履行首都机场"践行中国服务，展示国门形象"的使命，首都机场股份公司各级基层组织紧密结合岗位实际，学习雷锋干一行、爱一行、钻一行的"螺丝钉精神"，提炼出"像雷锋那样做人，像雷锋那样做事"的工作理念，引领员工自觉将工作岗位作为学习雷锋主阵地，强化员工的岗位意识。"行行都是服务业，人人都是服务员"的服务意识如今已牢固树立在全体员工的心中，"真情服务"的理念已经贯穿到了机场安全、运营、服务、旅客文明出行等各个方面……首都机场人在"用心服务，传递友善"中，不断丰富着雷锋精神的内涵。

"如果你是一滴水，你是否滋润了一寸土地？如果你是一线阳光，你是否照亮了一份黑暗？如果你是一颗粮食，你是否哺育了有用的生命？如果你是一颗最小的螺丝钉，你是否永远坚守在你生活的岗位上？"这段脍炙人口的《雷锋日记》被记录在了首都机场股份公司运行控制中心第四党支部的工作日志中。在这个"雷锋式"党支部里，他们用雷锋精神指导工作，支部党务、业务水平持续提高。他们有着潜移默化的"学雷锋"传统，坚持定期开展岗位练兵，培养了一批一岗多能、业务精湛的岗位人才；他们有着水到渠成的"雷锋式"规划，集体研讨"什么是当代雷锋精神"……雷锋精神就像一个传承的印记，铭刻在每个人的骨子里，流淌于每个人的血液里。它如前方的灯塔，给第四党支部全员以具体、坚定的指引。

全方位诠释"岗位学雷锋"

在首都机场，争当"雷锋式的好员工"已蔚然成风，每一位员工都在用自己的行动，诠释着这道"岗位学雷锋"的命题。首都机场股份公司飞行区管理部承担着首都机场 1573 万平方米的飞行区运行安全责任，在忠于职守、强烈责任感的感召下，飞行区管理部以"在岗一分钟，安全 60 秒"为工作目标，严格管理，注重细节，实实在在、勤勤恳恳地做好每项基础工作。特种机械修理班的业务骨干姚宝玉常说："爱岗敬业是我们重要的职业道德要求，无论从事哪个行业、担任什么职务，都应该用辛勤的劳动和扎实的工作践行敬业这一朴素而崇高的美德。"凭借着这样的精神，姚宝玉和特种机械修理班成员自己动手，研制出了操作方便、功能齐全的多功能压床，有效解决了在大雪天气下滚刷式扫雪车、摩擦系数测试车的修理难题，提高了维修工作效率。董建柱班组积极推动慢车除冰工作，实现了国内首次慢车除冰作业，航空器慢车除冰效率较以往提高了50%以上，缩短了旅客在冬季冰雪天气等待起飞的时间；登机桥作为旅客上下机使用的机场专用设备，因其直接与航空器和旅客相连接，其安全稳定的重要性不言而喻。在首都机场的195座登机桥上，"跨界"的创新技术有效加强了登机桥靠接时的监管力量，将预防性理念引入登机桥设备管理当中，借鉴医学24小时心电图检测设备（HOLTER）的理念，实时记录它的升降信息，大幅提高了登机桥运行安全性，填补了国内民航领域的空白……雷锋精神的召唤在首都机场飞行区人的内心深处回响，他们以自己的实际行动奏响了"中国第一国门"机坪安全与效率的和谐乐章。

作为时代的行动者，发扬雷锋精神，只有进行时，没有完成时。首都机场的上百家驻场单位，共同奉行着"同在国门下，同是一家人"的国门文化和"感恩、诚信、友善、专业"的共同行为准则，这也是首都机场人对于雷锋精神的文化解读。

（资料来源：摘编自《中国民航报》2016年7月21日，第1版。）

三　强化担当意识

担当意识是培养敬业奉献精神的关键。没有奉献思想做基础，担当只是一句空话。担当，要有舍我其谁的气魄。舍我其谁，就是要敢于承担，有强烈的角色意识。习近平总书记强调，担当精神不只是为了"实现中国梦的伟大奋斗"，更是为了"构建人类命运共同体，实现共赢共享"。担当是人民的期望，"敢于担当责任，勇于直面矛盾，善于解决问题，努力创造经得起实践、人民、历史检验的实绩"。

担当是当代民航人面对其肩负民航强国这一历史使命的态度。勇于担当保障国家、社会、民众利益，服务国家、社会、民众需求，是民航永恒的宗旨。践行宗旨，任重而道远。国家声誉系于心，社会发展担于肩，民众信赖寓于行，不亦重乎；千条航线，万里航程，终日牵挂，终生奉献，不亦远乎。担当是一种奋发向上的正能量，是中国民航人从民航发展历史中继承的优秀品质。担当也是民航全面深化改革的需求，"看准了的事情，就要拿出政治勇气来，坚定不移干"。

中国民航是由政府行业管理部门、航空公司、机场和其他保障单位等组成的环环相扣、精密复杂而又协作运行的现代服务性组织系统。民航系统中的每一个成员都通过彼此之间的有效合作实现系统的安全、平稳、高效的运行，以此服务于整个社会。虽然每个成员单位、每个从业者服务的方式、方法、外在形式有所不同，但是中国民航六十多年来所取得的伟大成就，充分体现了中国民航人心往一处想、劲往一处使，在矛盾问题面前迎难而上，在危机困难关头挺身而出，为行业发展解困，为国家和社会分忧，充分展现了民航人事不避难、舍我其谁的担当奉献精神。特别是在近年来抗击冰雪灾害、汶川玉树抗震救灾等重大航空运输保障任务，以及历次重大海外救援、撤侨任务中，中国民航人经受住了考验，向世人交出了满意答卷。

敢担当，讲奉献。"心底无私天地宽"，把责任看得比泰山还重，是"担当"二字的真正内涵。这需要民航人不避繁难、脚踏实地，办好每件小事实事，在每一个细微环节倾心尽力，精益求精，只为成功找方法，不为困难找借口。关键时刻，每一个民航人都要向前一步，不畏艰险、勇挑重担、全力以赴。只有这样的担当，才是真担当，才是党和国家需要的行业担当。在中国民航六十多年的建设和发展历程中，涌现出了一大批甘于吃苦、勇于拼搏、乐于奉献的"最美民航人"，他们当中既有海航集团博鳌机场管理有限公司董事长胡文泰这样的优秀高层管理者，又有上海虹桥机场安检员吴娜这样扎根一线的普通员工；既有首都机场股份公司消防支队张向辉这样的始终冲锋在灭火战斗的最前线，与烈焰战斗、与危险同行的老牌"全能标兵"，又有像川航刘传健这样的在驾驶舱玻璃爆碎，仪表盘开裂，无线电中断，高空失压和零下几十度的恶劣环境下，靠目视成功备降，化险为夷，创造了中国民航史奇迹的中国版"萨利机长"……无论他们担任什么职务，无论他们身处什么岗位，民航担当奉献的精神在他们身上展现无遗。

"大事难事看担当"，在民航强国建设的新征程中，我们全体民航人要继续发扬勇于担当的奉献精神，既要有担当的勇气，也要不断学习、苦练内功，提高担当的能力，以开放的视野、创新的思路谋划和推动工作，始终保持一股闯劲儿、一股冲劲儿、一股韧劲儿，做到能担当、善担当。在新时代中国特色社会主义的民航强国建设征途中齐心协力攻坚，打赢这场硬仗。

故事 6

勇担重任　创民航建设新奇迹
——记全国五一劳动奖章获得者、博鳌机场管理有限公司
董事长胡文泰

胡文泰，海航集团博鳌机场管理有限公司董事长，从部队转业进入海航集团，十几年如一日扎根基层、兢兢业业，致力于海航集团机场建设工作。特别是自负责海南博鳌机场工程建设工作以来，胡文泰时刻保持高度的责任感和使命感，发挥"5＋2"与"白加黑"的工作精神，在短短 10 个月的时间里顺利完成了博鳌机场一期建设任务，刷新了"海南速度"，展现了海航精神，创造了世界民航机场建设史上的新奇迹。

勇担重任：以"海南速度"建设博鳌机场

2015 年初，60 岁的胡文泰被任命为博鳌机场建设总指挥，参与机场建设。博鳌机场是服务国家外交、保障博鳌亚洲论坛年会顺利举办的窗口工程，胡文泰接到任务后，便马不停蹄往返于海口和琼海之间：选择办公场址，踏勘现场地形，研究机场可研报告及概算。博鳌机场 2700 多亩的土地上留下了他的身影，槟榔林里、催禄河畔、深草丛中、小山岗上都有他坚实的脚印。汗水打湿了衣衫，露水浸湿了裤管，泥水沾满了鞋袜，可他依旧步履匆匆……在不到一个月的时间里，中原镇通往三仙村的小路旁，一座 700 平方米的二层板房搭建完成，这就是博鳌机场工程建设现场指挥部办公场所。2015 年 1 月，一支由 11 人组成的小分队在胡文泰的带领下进驻现场。

入驻后，胡文泰积极与琼海市政府及行业主管部门、征地单位和设计单位沟通、协调，密切配合推进各项工作。2015 年 3 月 19 日，博鳌机场工程正式开工，300 多人的施工队伍及 150 多台机械设备顺

利进场施工，机场建设取得了阶段性成果。在开工后的一个月里，他带领全员克服村庄未搬迁、催禄河未改道导致作业面小等困难，积极协调相关单位，尽最大努力争取作业面，全力推进工程建设。

突破自我：十个月赢得机场建设战役

中小型民用运输机场一般建设周期为 2~3 年，但为保障 2016 年的博鳌亚洲论坛顺利举行，实现 2016 年 3 月底试运行的新目标，博鳌机场建设周期要从原定的 2 年缩短为 9 个月。如何以最快的速度、高质量、高标准完成机场工程建设任务？胡文泰发动各参建单位全力投身到"百日大会战"和"决战三十天"两大战役中去。

面对紧张的工期，胡文泰与北京建工等 3 个主要施工建设单位高层签署了责任状，按照工期计划细化任务、明确分工、责任到人，变传统的流水线施工方式为同步有序地开展多层次作业。整个航站区及附属工程从全面开工到主体结构封顶仅用了 36 天的时间，创造了"博鳌速度"。

军人出身的他，在生活和工作中始终以高标准要求自己。他常挂在嘴边的一句话便是"环境越艰苦，越能磨砺人的意志、锻炼人的能力"。为确保工程质量和施工安全，胡文泰一直吃住在现场的板房里。他严格要求自己每天清晨四五时巡视施工一线，在手电筒的指引下，深一脚、浅一脚地丈量每天变化的工地。从指挥部到跑道 1344 米，跑道长 2600 米，从跑道到停机坪大约 842 米，停机坪的背后就是 9945.2 平方米的航站楼……这个流程走一遍大约 12 公里。而这样的 12 公里，胡文泰几乎每天要走上 3 回。"这样'玩儿命'，对健康肯定有影响。但是，只有这样丝毫不敢懈怠的诚惶诚恐，才有可能将 2732 亩工地上的每个细节都盯住，才能保证每一片瓦都被擦得干干净净。"胡文泰说。

功夫不负有心人。在胡文泰的率领下，全体建设人员仅用了 4 个多月的时间就基本完成了飞行区、航站区工程建设，仅用了 10 个月的时间就顺利完成了博鳌机场一期建设任务，于 2016 年 3 月试飞圆满成功，并完成同年博鳌亚洲论坛的保障任务，创造了民航建设史上的新奇迹。

再续辉煌：二期扩建、论坛保障并未松弛

刚完成博鳌机场一期建设及博鳌亚洲论坛保障的任务，2016 年 4 月 20 日，胡文泰又接到另外一项重任：务必在 2016 年 11 月底完成博鳌机场二期建设任务，实现 2017 年博鳌亚洲论坛前全部投入使用的目标。

在胡文泰和全体建设人员的努力下，原先林茂密、水田星罗棋布的场地变成了一马平川的飞行区，停机坪在扩大，滑行道、跑道在延伸。国际航站楼、值班用房、联检综合楼、货运仓库等总建筑面积达 2.2 万平方米的单体建筑，如雨后春笋般破土而出。最终，博鳌机场二期扩建工程按时完成校飞及试飞任务，顺利通过行业验收，并在 2016 年 12 月 29 日正式复航。2017 年，博鳌亚洲论坛正式实现"一地办会"目标，博鳌机场也首次作为主力战场服务于论坛保障。

从博鳌机场建设到管理运营的每个关键环节，胡文泰勇于担当、突破自我，充分发挥督导统筹作用，带领全体员工刷新了全国中小型机场航班保障的新纪录，向世界和各国友人展示了中国、海南的服务标准及服务品质。

而胡文泰这种敢打硬仗、能打硬仗的精神，也深深地影响了博鳌机场人的工作干劲儿。"获奖只是对之前工作的肯定，在以后的工作中我将继续发扬劳模精神，影响和带动一批年轻人，为海南美好明天贡献自己应有的力量。"胡文泰如是说。

（资料来源：摘编自"最美民航人"系列报道中国民航网，http：//www. ca-acnews. com. cn/special/3637/3640/3645/201709/t20170908_ 1228249. html。）

四　强化创新精神

民航强国、战略产业是国家赋予中国民航的至高期待，"担当"体现了民航人的社会责任，通过"创新"早日实现期待是民航人义不容辞的使命。

创新精神是培养民航敬业奉献精神的保障。现代社会是能力本位的社会，劳动效率决定了劳动者的能力。以创新的态度对待劳

动，可以从根本上挖掘劳动的潜在力量，这是提高劳动效率、推动行业和社会发展的最好方式。人工智能是当代劳动者生存和发展的主要"劲敌"。劳动者要想生存而不被"智能"所取代，就必须将创新视为劳动的本质和生命线，创新是劳动者生存和发展最牢靠的保障。用热爱、勤勉和克制的"前知识经济时代"思维对待劳动已经不合时宜。因此，转变传统观念把创新摆在劳动的核心位置，不断提高劳动者的外在竞争力，就成为劳动者生存与发展的现实所需。民航强国战略目标的实现需要每一位民航人共同努力，艰苦奋斗，永不放弃。当前，民航强国建设的任务重、标准高、要求严，发展速度与保障能力之间的矛盾十分突出，创新的内在压力大，形势十分逼人。要想实现民航行业发展由量变到质变的跨越，早日实现中国由民航大国向民航强国的"蜕变"，创新精神是必不可少的。

多年来，中国民航的创新不仅体现在科技领域，还体现在经营管理、品牌建设、人才培养、市场营销等多个方面。民航二所副所长刘卫东带领他的团队潜心从事空管关键设备国产化研究二十余载，不仅改变了我国空管自动化装备全部依靠国外进口的窘境，而且具备将成熟的国产空管自动化系统推向国际市场的能力；民航科学技术研究院航行技术室主任何运成带领他的团队用 5 年的时间打破国外垄断，实现了中国机场的 PBN 程序应由中国人来设计的梦想；中国民航机场建设集团工程师杨文科，三十多年来将全部的热情和理想都奉献给了工地，献给了混凝土行业，并最终总结出在行业内引起巨大轰动的混凝土三阶段论；上海虹桥国际机场"七星级"的"虹式手推车服务"，如今成为上海空港的一张鲜亮名片……一个个鲜活生动而又振奋人心的创新创业案例，生动反映了中国民航人创新图强、敬业奉献的价值理念。

创新是民航进步的必由之路，图强是民航发展的动力源泉。勃勃生机源于创新不已，健行高远始于勤勉不倦。有创新方能图强，欲图强必须创新。积点滴成果，汇万众智慧，创新图强是民航实现持续安全和真情服务目标的现实路径，也是实现民航强国梦、助推民族复兴中国梦实现的不二法则。

故事7

一位民航高级工程师的 PBN 情结
——记中国民航科学技术研究院航行技术室主任何运成

2011 年，中国民航共有 23 个机场完成 PBN 飞行程序的设计和验证试飞工作。其中，有 9 个机场的 PBN 飞行程序是由中国民航科学技术研究院（以下简称航科院）自主设计完成的。在航科院，提起 PBN 飞行程序，大家都会不约而同地提到航行技术室主任何运成和他带领的科研团队。

中国机场的 PBN 程序应由中国人来设计！

航科院 6 楼楼梯口处"拼搏、进取、开拓、创新"8 个朴实却含义隽永的大字，是何运成及其团队的座右铭。"没有这些看似朴实却严格的要求，我们怎么能在 PBN 领域做得这么好？"航行技术室一位科研人员的一句话道出了所有科研人员的心声。

航科院是中国民航最早涉足 PBN 程序设计领域的科研单位。谈起当时的困难，何运成记忆犹新。早在 2005 年，航科院响应民航局 PBN 推广的号召，与已掌握 PBN 技术的一家美国公司开展合作，共同为中国的机场设计 PBN 飞行程序，时任航科院飞行标准室副主任的何运成即是此次合作的中方负责人。原以为通过这次合作，科研人员能从中学到 PBN 关键技术。然而，这家美国公司仅派过来 2 名商务人员，负责开拓中国 PBN 程序设计的市场。在后来的合作中，这家美国公司也是处处保密，并不向中方透露 PBN 的核心技术。

2005 年 4 月，由中美合作研发的西藏拉萨机场 PBN 程序验证试飞成功。看着一架波音 757 飞机运用 PBN 程序在西藏机场腾空而起，实现在亚洲的首飞，何运成的心久久不能平静。在西藏的那个晚上，何运成暗暗下定决心，一定要带领科研人员排除万难，攻克 PBN 技术。中国机场的 PBN 程序应由中国人来设计！

求索路上的压力与艰难

何运成早年当过空军飞行员，他更能体会到 PBN 飞行程序将给飞行带来多大的改变。在之后的几年里，何运成带领科研人员一边与这家美国公司合作，一边尽可能地去摸索 PBN 程序设计的理念与方法。为了进一步了解其他国家的 PBN 程序设计，广泛吸收 PBN 程序设计经验，他多次和其他技术人员前往法国、意大利、英国考察 PBN技术。

2009 年 10 月，中国民航局发布《中国民航 PBN 实施路线图》，提出到 2012 年底，中国的大部分机场必须具有 PBN 程序飞行能力的近期目标。为了早日实现这一目标，多少个夜晚，整个航行技术室所在的 6 楼的灯光亮到深夜，何运成带领科研团队在纸上写写画画，不时讨论、协商。功夫不负有心人，2010 年，航行技术室在 PBN 程序设计上实现了重大突破，实现了独立自主完成"WGS84 坐标测绘—PBN 程序设计—程序编码—PBN 飞行程序验证—RAIM 预测—导航数据库维护"全过程，打破了国外程序服务提供商在该领域的垄断地位，极大地提高了我国导航新技术在民航领域的应用水平。尤其是PBN 飞行程序验证平台，缩短了原来需要 28 天的程序修改周期，进而缩短了整个 PBN 程序验证周期。

2010 年 6 月，宁夏固原机场开航，第一次使用由我国自主设计完成的 RNP APCH 飞行程序，这让所有在场的中国民航人欣喜万分。而在这个欢欣的背后，是何运成和他的科研队伍默默耕耘的身影。

不拘一格引进人才

航行技术室目前拥有包括博士、博士后在内的三十多名科研人员。他们并不全部出身于航行技术专业，而且包括出身于通信、计算机等各个专业的人才。而在 2005 年开始研究 PBN 程序设计时，航行技术室仅有几名科研人员。这与亟待放开脚步，追赶国际 PBN 程序设计水平极不相符。

当时考虑到 PBN 程序设计工作流程包括程序设计、飞机性能分析、导航数据库制作、模拟机验证等，何运成主张引进一位具有丰富飞行经验、现正在从事高原机场 RNP 飞行的机长，便于在设计程序时，更多地考虑到飞行的实际情况。国航西南分公司空客 A319/A330机长陈东就是在这个时候来到航科院的。对于引进其他的科研人才，何运成也并不拘泥于其所学专业。进取心和持之以恒的奋斗，是何运成最看重的科研精神。"王仲教授来航行室的时间不长，但是对于PBN 程序设计却是得心应手。"何运成对于自己引进的不少人才感到非常满意。现在，何运成和他的团队已经将 PBN 程序设计的市场拓展到了国外，走向了世界。

（资料来源：摘编自《中国民航报》2012 年 3 月 9 日，第 3 版。）

总之，最大限度地激发创新精神在民航发展过程中的驱动作用，是当代民航敬业奉献精神的新特征。如何以深化改革为动力，以创新发展为途径，构建安全、便捷、高效、绿色的现代民用航空系统，充分发挥民航战略产业作用，更好地服务国家战略，更好地满足广大人民群众需求，为实现民航强国奠定更加坚实的基础，是我们每一个民航人应该思考的问题。

五　追求卓越成果

所谓追求卓越成果，是指从业者从内在品格上树立了实证探索、务实求真、敢于超越的精神，从外在的行为上实现了"知行合一"。它是新时期当代民航敬业奉献精神的最高体现，也是民航"工匠精神"的完美诠释。

作为服务性质的行业，民航提供着公共运输的服务，同时也面临着安全、延误、突发事件等风险，更承担着为旅客提供安全、高效、舒适服务的责任。在如此错综复杂的行业背景下，弘扬精益求精追求完美的工匠精神，迫切而又重要。"工欲善其事，必先利其器"。民航"工匠精神"是民航行业文化不可或缺的重要支撑，也是对每一个民航人的具体要求。它要求我们在专业技术上要精益求精；在工作中要注重细节，追求完美和极致；在服务上要做到耐心、专注和坚持；在思想上要淡泊名利，耐得住寂寞，守得住清贫，用心去做好每一件事情。只有通过这些品质上的锤炼，民航人才能具备"工匠"的特质。

潜心于机场场道工程专业研究 30 余年，人送外号"姜博士"的中国民航机场建设集团规划设计总院副总工程师姜昌山说："我们既然从事这项工作，就应该尽最大的努力，去做好它，去完成它。"航空油料质量的"把关人",中航油华南蓝天公司油品应用研究中心化验技师刘永清说:"我是一个完美主义者,做什么事情都想把它尽力做到最好。"……像姜昌山、刘永清一样的许许多多的民航人,他们具有精益求精、追求卓越的职业境界,以一种对自我负责、对社会负责的态度,将工匠精神融于日常工作。

事实证明:只有通过实干作风、奉献思想、担当意识和创新精神的磨砺和锻炼,从业者才能深刻体会到任何成果都是实干作风、奉献思想、担当意识、创新精神和追求卓越五者合力的结果,只有这样才能真正做到"干一行、爱一行、通一行、精一行",才能真正领悟"工匠精神"对行业提质增效的积极作用。

故事8

"既然做,就要做好"
——记中国民航机场建设集团规划设计总院姜昌山

姜昌山,中国民航机场建设集团规划设计总院副总工程师,潜心于机场场道工程专业研究三十多年,用他的专心与专业,塑造了一批批精品工程,推动着整个行业的发展。正如他自己所说:"我们既然从事这项工作,就应该尽最大的努力,去做好它,去完成它。"

勤:汗水写就非凡

1985年的盛夏,刚从同济大学毕业的姜昌山进入中国民航机场建设集团的前身——民航机场设计院。从此,他便开始了面朝场道背朝天的设计生涯。

2007年,昆明长水机场工程项目启动,姜昌山被委任为飞行区工程设计总负责人。在了解到长水机场场址原始地形极其复杂,填方量巨大,堪称国内最大的土石方工程的情况后,姜昌山带着设计人员实地踏勘,研究对策。为解决土石方工程施工需要和场区挖方填料不断变化的问题,姜昌山天天往工地现场跑,晴天一身土、雨天一身泥,强烈的紫外线将他晒到脱皮。在进行大量实验并多次比对国内其他高填方机场后,他与团队创造性地提出并实施了"动态设计和施工控制"方案,成功实现了全场土石方基本平衡、植物土零排放、优质石方作为建材利用以及节约土石方工程数量的目标。

解决土石方工程问题后，如何处理长水机场跑道沥青道面关键技术又是一道难题。为此，姜昌山又作为首席专家主持了"昆明长水机场跑道沥青道面关键技术"的研究工作。在大量实地踏勘和调研的基础上，他对大型繁忙机场在复杂地基条件下建设跑道沥青道面的设计理论和方法、结构组合、材料性能和配比、施工工艺、质量控制以及技术维护，进行了系统、深入的研究，获得了大量有价值的研究成果，成功保障了工程进度和工程质量。

从项目投标到行业验收，姜昌山始终坚守在长水机场现场。他放弃了所有休息时间，每天工作12个小时以上。2010年，姜昌山荣获了"昆明新机场优秀建设者"光荣称号。

2013年，姜昌山又开始主持北京新机场飞行区工程设计方案研究和飞行区工程设计工作。他全过程参与了北京新机场项目预可行性研究、可行性研究，提出了新机场全场地势设计方案研究的技术路线和思路，以及优化机场道面构造设计的思路和方案，并参与了场区排水方案的论证。

专：智慧孕育硕果

姜昌山参与完成的北京、上海、广州等诸多机场工程设计多次荣获国家和民航优秀设计奖。但对他来说，最值得骄傲的还是主持编制了多部设计规范和设计程序软件，这是对整个机场场道建设行业的贡献。

他主持修编了《民用机场飞行区技术标准》《民用机场水泥混凝土道面面层施工技术规范》等大量规范性文件。2013年7月，他主持修订的民用机场飞行区规划设计的基础性规范《民用机场飞行区技术标准》上报并发布实施。这是他多年来潜心研究的心血。该标准明确界定了各个老版本均描述不详的"升降带平整范围"这一技术指标，而且在保障安全的前提下，使平整范围要求更加合理。

除致力于场道设计标准化规范外，姜昌山还主持开发了多个工程设计程序软件，极大地提高了劳动生产率和设计产品质量，在一定程度上带动了场道专业的技术进步。

2008年，姜昌山开始主持机场场道专业设计软件的开发工作。他摒弃了以往的二维设计方法，结合工作实际，突破性地在机场地势设计、土石方计算、道面高程设计和道面工程量计算中全面采用三维设计方法，极大提高了设计精度、质量和效率，使设计方案更加优化。近几年，这一程序已经在多个机场工程设计中得到广泛应用，成效显著。

学：求知与时俱进

姜昌山被同事称作"姜博士"，这是因为他学识渊博、经验丰富且乐于助人。"找姜博"几乎成为工程设计人员和施工业主遇到技术难题时的统一的口头禅。

姜昌山过硬的专业技能和令人钦美的工作成就，离不开他数十年如一日的学习。他始终坚持"活到老，学到老"。为方便与国际同行的交流，姜昌山苦学英语。近年来，他几乎每年作为特邀专家，参加国际民航组织召开的技术交流会。在会上，他的全英文发言赢得了与会人员的阵阵掌声。他非常重视学以致用，在日常工作中，十分善于总结工程实际经验，改进和优化了许多场道工程的设计细节，还取得了"一种系留飞机用地锚"和"机坪单孔箱涵"两项实用新型专利。

除了敏于学、善于学，姜昌山还很重视技术的传承。对于青年员工，他总是细心教导，倾囊相授。近几年，姜昌山将一群"娃娃兵"培养成了一支拉得出、打得响的"技术尖子兵"队伍。他带出的多名徒弟都成为经验丰富、独当一面的技术骨干，在各自的岗位上贡献着力量。

（资料来源：摘编自《中国民航报》2015年4月27日，第2版。）

小　结

敬业奉献是当代民航精神的价值追求，是实现民航强国的重要保证。无数个像前文介绍的具有爱岗敬业、创新图强、勇于担当、无私奉献品质的民航人及其团队，保证了我们的航班每天安全、顺畅地飞翔在祖国的蓝天。他们以民航敬业奉献的精神，在不同的领域谱写了一曲曲华丽的乐章。正如习近平总书记在党的十九大报告中讲到的"人民有信仰，国家有力量，民族有希望"，在实现新时代中华民族伟大复兴的中国梦和民航强国梦的征途中，敬业奉献的民航精神仍将是我们每一个民航人忠贞不渝的职业操守。追求崇高的职业理想，使之根植于个人发展，根植于岗位要求，根植于党和人民需要；树立坚定的职业信念，热爱民航，尊重职业，真情服务；实现共同的职业成就，从民航发展中汲取个人发展动力，以敬业奉献的职业操守锻造建设民航强国的奋斗观。

后　记

　　"师者，传道、授业、解惑也"。民航院校是民航专业人才培养的主渠道，是当代民航精神的重要传播阵地；民航院校广大师生是民航事业发展的生力军，是当代民航精神的重要弘扬者和践行者。自2016年4月8日民航局在南海永暑礁新建机场校验试飞总结表彰座谈会上首次提出"忠诚担当的政治品格、严谨科学的专业精神、团结协作的工作作风、敬业奉献的职业操守"的当代民航精神以来，我一直想写一本关于结合社会主义核心价值观诠释当代民航精神内涵的书，思考了两年之久，伴随着培育和践行社会主义核心价值观先后被写入党章和宪法，我的这本书也终于写成了。

　　党的十八大以后，习近平总书记多次强调要讲好中国故事，而且带头给外国人讲故事。所以我们都要会讲，而且要讲好故事。善于把深刻的道理蕴涵在生动的故事中来讲，通过生动的故事来表现很多深刻的道理。

　　当代民航精神，从字面上看只有简短的36个字，但它实际上是从我们一代代中国民航人的无数生动感人的故事中凝练出来的。所以，诠释当代民航精神、宣传当代民航精神、弘扬当代民航精神，都可以把讲故事作为一种有价值的形式。我写本书的出发点，就是从讲故事入手的，尽可能地多挖掘一些故事，多引用一些故事。为什么要这么写呢？初衷很简单，就是想让这本书具有可读性。如果大家能在饶有兴趣地阅读我们身边同事或朋友故事的过程中，理解和领悟当代民航精神的内涵，那我的目的就达到了。

　　在编写本书的过程中，引用的很多故事或者案例都来自《中国民航报》、中国民航网、民航资源网等各大媒体网站的报道，我在书中都一一注明了出处；引用的其他专家学者的专著，我在参考文献中也已列出以表尊重。但是百密难免一疏，可能未能穷尽。在此，谨向本书引用、参考过的报道、专著和文章的所有媒体、专家和学者，致以崇高的敬意和诚挚的谢意！

最后，希望本书能有助于广大民航从业人员更好地理解和领悟当代民航精神。

张　凤

2018 年 3 月

参考文献

1. 马国祥：《培育和践行社会主义核心价值观》，西南交通大学出版社，2016。

2. 赵建华：《社会主义核心价值观与中华优秀传统文化传承》，河北美术出版社，2016。

3. 景一宏：《民航践行社会主义核心价值观研究》，中国民航出版社，2015。

4. 李家祥：《论民航持续安全》，中国民航出版社，2016。

5. 文兴忠，周长春：《民航安全文化概论》，中国民航出版社，2013。

6. 中国民用航空局航空安全办公室主编《坚守飞行安全底线优秀征文选编》，中国民航出版社，2017。

7. 景一宏，马松伟：《天地间　思而行》，中国民航出版社，2017。

附录　中共中央办公厅关于培育和践行社会主义核心价值观的意见

（中办发〔2013〕24号）

社会主义核心价值观是社会主义核心价值体系的内核，体现社会主义核心价值体系的根本性质和基本特征，反映社会主义核心价值体系的丰富内涵和实践要求，是社会主义核心价值体系的高度凝练和集中表达。为深入贯彻落实党的十八大和十八届三中全会精神，积极培育和践行社会主义核心价值观，现提出如下意见。

一　培育和践行社会主义核心价值观的重要意义和指导思想

（一）培育和践行社会主义核心价值观，是推进中国特色社会主义伟大事业、实现中华民族伟大复兴中国梦的战略任务。党的十八大提出，倡导富强、民主、文明、和谐，倡导自由、平等、公正、法治，倡导爱国、敬业、诚信、友善，积极培育和践行社会主义核心价值观。这与中国特色社会主义发展要求相契合，与中华优秀传统文化和人类文明优秀成果相承接，是我们党凝聚全党全社会价值共识作出的重要论断。富强、民主、文明、和谐是国家层面的价值目标，自由、平等、公正、法治是社会层面的价值取向，爱国、敬业、诚信、友善是公民个人层面的价值准则，这24个字是社会主义核心价值观的基本内容，为培育和践行社会主义核心价值观提供了基本遵循。面对世界范围思想文化交流交融交锋形势下价值观较量的新态势，面对改革开放和发展社会主义市场经济条件下思想意识多元多样多变的新特点，积极培育和践行社会主义核心价值观，对于巩固马克思主义在意识形态领域的指导地位、巩固全党全国人民团结奋斗的共同思想基础,对于促进人的全面发展、引领社会全面进步,对于集聚全面建成小康社会、实现中华民族伟大复兴中国梦的强大正能量,具有重要现实意义和深远历史意义。

(二)培育和践行社会主义核心价值观的指导思想是:高举中国特色社会主义伟大旗帜,以邓小平理论、"三个代表"重要思想、科学发展观为指导,深入学习贯彻党的十八大精神和习近平同志系列讲话精神,紧紧围绕坚持和发展中国特色社会主义这一主题,紧紧围绕实现中华民族伟大复兴中国梦这一目标,紧紧围绕"三个倡导"这一基本内容,注重宣传教育、示范引领、实践养成相统一,注重政策保障、制度规范、法律约束相衔接,使社会主义核心价值观融入人们生产生活和精神世界,激励全体人民为夺取中国特色社会主义新胜利而不懈奋斗。

(三)培育和践行社会主义核心价值观要坚持以下原则:坚持以人为本,尊重群众主体地位,关注人们利益诉求和价值愿望,促进人的全面发展;坚持以理想信念为核心,抓住世界观、人生观、价值观这个总开关,在全社会牢固树立中国特色社会主义共同理想,着力铸牢人们的精神支柱;坚持联系实际,区分层次和对象,加强分类指导,找准与人们思想的共鸣点、与群众利益的交汇点,做到贴近性、对象化、接地气;坚持改进创新,善于运用群众喜闻乐见的方式,搭建群众便于参与的平台,开辟群众乐于参与的渠道,积极推进理念创新、手段创新和基层工作创新,增强工作的吸引力感染力。

二 把培育和践行社会主义核心价值观融入国民教育全过程

(四)培育和践行社会主义核心价值观要从小抓起、从学校抓起。坚持育人为本、德育为先,围绕立德树人的根本任务,把社会主义核心价值观纳入国民教育总体规划,贯穿于基础教育、高等教育、职业技术教育、成人教育各领域,落实到教育教学和管理服务各环节、覆盖到所有学校和受教育者，形成课堂教学、社会实践、校园文化多位一体的育人平台，不断完善中华优秀传统文化教育，形成爱学习、爱劳动、爱祖国活动的有效形式和长效机制，努力培养德智体美全面发展的社会主义建设者和接班人。适应青少年身心特点和成长规律，深化未成年人思想道德建设和大学生思想政治教育，构建大中小学有效衔接的德育课程体系和教材体系，创新中小学德育课和高校思想政治理论课教育教学，推动社会主义核心价值观进教材、进课堂、进学生头脑。完善学校、家庭、社会三结合的教育网络，引导广大家庭和社会各方面主动配合学校教育，以良好的家庭氛围和社会风气巩固学校教育成果，形成家庭、社会与学校携手育人的强大合力。

（五）拓展青少年培育和践行社会主义核心价值观的有效途径。注重发挥社会实践的养成作用，完善实践教育教学体系，开发实践课程和活动课程，加强实践育人基地建设，打造大学生校外实践教育基地、高职实训基地、青少年社会实践活动基地，组织青少年参加力所能及的生产劳动和爱心公益活动、益德益智的科研发明和创新创造活动、形式多样的志愿服务和勤工俭学活动。注重发挥校园文化的熏陶作用，加强学校报刊、广播电视、网络建设，完善校园文化活动设施，重视校园人文环境培育和周边环境整治，建设体现社会主义特点、时代特征、学校特色的校园文化。

（六）建设师德高尚、业务精湛的高素质教师队伍。实施师德师风建设工程，坚持师德为上，完善教师职业道德规范，健全教师任职资格准入制度，将师德表现作为教师考核、聘任和评价的首要内容，形成师德师风建设长效机制。着重抓好学校党政干部和共青团干部，思想品德课、思想政治理论课和哲学社会科学课教师、辅导员和班主任队伍建设。引导广大教师自觉增强教书育人的荣誉感和责任感，学为人师、行为世范，做学生健康成长的指导者和引路人。

三　把培育和践行社会主义核心价值观落实到经济发展实践和社会治理中

（七）确立经济发展目标和发展规划，出台经济社会政策和重大改革措施，开展各项生产经营活动，要遵循社会主义核心价值观要求，做到讲社会责任、讲社会效益，讲守法经营、讲公平竞争、讲诚信守约，形成有利于弘扬社会主义核心价值观的良好政策导向、利益机制和社会环境。与人们生产生活和现实利益密切相关的具体政策措施，要注重经济行为和价值导向有机统一，经济效益和社会效益有机统一，实现市场经济和道德建设良性互动。建立完善相应的政策评估和纠偏机制，防止出现具体政策措施与社会主义核心价值观相背离的现象。

（八）法律法规是推广社会主流价值的重要保证。要把社会主义核心价值观贯彻到依法治国、依法执政、依法行政实践中，落实到立法、执法、司法、普法和依法治理各个方面，用法律的权威来增强人们培育和践行社会主义核心价值观的自觉性。厉行法治，严格执法，公正司法，捍卫宪法和法律尊严，维护社会公平正义。加强法制宣传教育，培育社会主义法治文化，弘扬社会主义法治精神，增强全社会学法尊法守法用法意识。注重把社会主义核心价值观相关要求上升为具体法律规定，充分发挥法律的规范、引导、保障、促进作用，形成有利于培育和践行社会主义核心价值观的良好法治环境。

（九）要把践行社会主义核心价值观作为社会治理的重要内容，融入制度建设和治理工作中，形成科学有效的诉求表达机制、利益协调机制、矛盾调处机制、权益保障机制，最大限度增进社会和谐。创新社会治理，完善激励机制，褒奖善行义举，实现治理效能与道德提升相互促进，形成好人好报、恩将德报的正向效应。完善市民公约、村规民约、学生守则、行业规范，强化规章制度实施力度，在日常治理中鲜明彰显社会主流价值，使正确行为得到鼓励、错误行为受到谴责。

四　加强社会主义核心价值观宣传教育

（十）用社会主义核心价值观引领社会思潮、凝聚社会共识。深入开展中国特色社会主义和中国梦宣传教育，不断增强人们的道路自信、理论自信、制度自信，坚定全社会全面深化改革的意志和决心。把社会主义核心价值观学习教育纳入各级党委（党组）中心组学习计划，纳入各级党委讲师团经常性宣讲内容。深入研究社会主义核心价值观的理论和实际问题，深刻解读社会主义核心价值观的丰富内涵和实践要求，为实践发展提供学理支撑。深入推进马克思主义理论研究和建设工程，发挥国家社科基金的导向带动作用，推出更多有分量有价值的研究成果。加强社会思潮动态分析，强化社会热点难点问题的正面引导，在尊重差异中扩大社会认同，在包容多样中形成思想共识。严格社团、讲座、论坛、研讨会、报告会的管理。

（十一）新闻媒体要发挥传播社会主流价值的主渠道作用。坚持团结稳定鼓劲、正面宣传为主，牢牢把握正确舆论导向，把社会主义核心价值观贯穿到日常形势宣传、成就宣传、主题宣传、典型宣传、热点引导和舆论监督中，弘扬主旋律，传播正能量，不断巩固壮大积极健康向上的主流思想舆论。党报党刊、通讯社、电台电视台要拿出重要版面时段、推出专栏专题，出版社要推出专项出版，运用新闻报道、言论评论、访谈节目、专题节目和各类出版物等形式传播社会主义核心价值观。都市类、行业类媒体要增强传播主流价值的社会责任，积极发挥自身优势，适应分众化特点，多联系群众身边事例，多运用大众化语言，在生动活泼的宣传报道中引导人们培育和践行社会主义核心价值观。强化传播媒介管理，不为错误观点提供传播渠道。新闻出版单位和从业人员要强化行业自律，切实增强传播社会主义核心价值观的责任意识和能力，将个人道德修养作为从业资格考评重要内容。

（十二）建设社会主义核心价值观的网上传播阵地。适应互联网快速发展形势，善于运用网络传播规律，把社会主义核心价值观体现到网络宣传、网络文化、网络服务中，用正面声音和先进文化占领网络阵地。做大做强重点新闻网站，发挥主要商业网站建设性作用，形成良好的网上舆论环境，集聚网上舆论引导合力。做好重大信息网上发布，回应网民关切，主动有效进行网上引导。

推动中华优秀传统文化和当代文化精品网络化传播，创作适于新兴媒体传播、格调健康的网络文化作品。依法加强网络社会管理，加强对网络新技术新应用的管理，推进网络法制建设，规范网上信息传播秩序，整治网络淫秽色情和低俗信息，打击网络谣言和违法犯罪，使网络空间清朗起来。

（十三）发挥精神文化产品育人化人的重要功能。一切文化产品、文化服务和文化活动，都要弘扬社会主义核心价值观，传递积极人生追求、高尚思想境界和健康生活情趣。提升文化产品的思想品格和艺术品位，用思想性艺术性观赏性相统一的优秀作品，弘扬真善美，贬斥假恶丑。加强对新型文化业态、文化样式的引导，让不同类型文化产品都成为弘扬社会主流价值的生动载体。加大对优秀文化产品的推广力度，开展优秀文化产品展演展映展播活动、经典作品阅读观看活动。完善文化产品评价体系，坚持文艺评论评奖的正确价值取向。完善公共文化服务体系，提供均等优质的文化产品，开展多姿多彩的文化活动，丰富群众精神文化生活。

五　开展涵养社会主义核心价值观的实践活动

（十四）广泛开展道德实践活动。以诚信建设为重点，加强社会公德、职业道德、家庭美德、个人品德教育，形成修身律己、崇德向善、礼让宽容的道德风尚。大力宣传先进典型，评选表彰道德模范，形成学习先进、争当先进的浓厚风气。在国家博物馆设立英模陈列馆。深化公民道德宣传日活动，组织道德论坛、道德讲堂、道德修身等活动。加强政务诚信、商务诚信、社会诚信和司法公信建设，开展道德领域突出问题专项教育和治理，完善企业和个人信用记录，健全覆盖全社会的征信系统，加大对失信行为的约束和惩戒力度，在全社会广泛形成守信光荣、失信可耻的氛围。把开展道德实践活动与培育廉洁价值理念相结合，营造崇尚廉洁、鄙弃贪腐的良好社会风尚。

（十五）深化学雷锋志愿服务活动。大力弘扬雷锋精神，广泛开展形式多样的学雷锋实践活动，采取措施推动学雷锋活动常态化。以城乡社区为重点，以相互关爱、服务社会为主题，围绕扶贫济困、应急救援、大型活动、环境保护等方面，围绕空巢老人、留守妇女儿童、困难职工、残疾人等群体，组织开展各类形式的志愿服务活动，形成我为人人、人人为我的社会风气。把学雷锋和志愿服务结合起来，建立健全志愿服务制度，完善激励机制和政策法规保障机制，把学雷锋志愿服务活动做到基层、做到社区、做进家庭。

（十六）深化群众性精神文明创建活动。各类精神文明创建活动要在突出社会主义核心价值观的思想内涵上求实效。推进文明城市、文明村镇、文明单位、文明家庭等创建活动，开展全民阅读活动，不断提升公民文明素质和社会文明程度。广泛开展美丽中国建设宣传教育。开展礼节礼仪教育，在重要场所和重要活动中升挂国旗、奏唱国歌，在学校开学、学生毕业时举行庄重简朴的典礼，完善重大灾难哀悼纪念活动，使礼节礼仪成为培育社会主流价值的重要方式。加强对公民文明旅游的宣传教育、规范约束和社会监督，增强公民旅游的文明意识。

（十七）发挥优秀传统文化怡情养志、涵育文明的重要作用。中华优秀传统文化积淀着中华民族最深沉的精神追求，包含着中华民族最根本的精神基因，代表着中华民族独特的精神标识，是中华民族生生不息、发展壮大的丰厚滋养。建设优秀传统文化传承体系，加大文物保护和非物质文化遗产保护力度，加强对优秀传统文化思想价值的挖掘，梳理和萃取中华文化中的思想精华，作出通俗易懂的当代表达，赋予新的时代内涵，使之与中国特色社会主义相适应，让优秀传统文化在新的时代条件下不断发扬光大。重视民族传统节日的思想熏陶和文化教育功能，丰富民族传统节日的文化内涵，开展优秀传统文化教育普及活动，培育特色鲜明、气氛浓郁的节日文化。增加国民教育中优秀传统文化课程内容，分阶段有序推进学校优秀传统文化教育。开展移风易俗，创新民俗文化样式，形成与历史文化传统相承接、与时代发展相一致的新民俗。

（十八）发挥重要节庆日传播社会主流价值的独特优势。开展革命传统教育，加强对革命传统文化时代价值的阐发，发扬党领导人民在革命、建设、改革中形成的优良传统，弘扬民族精神和时代精神。挖掘各种重要节庆日、纪念日蕴藏的丰富教育资源，利用五四、七一、八一、十一等政治性节日，三八、五一、六一等国际性节日、党史国史上重大事件、重要人物纪念日等，举办庄严庄重、内涵丰富的群众性庆祝和纪念活动。利用党和国家成功举办大事、妥善应对难事的时机，因势利导地开展各类教育活动。加强爱国主义教育基地建设，形成实体展馆与网上展馆相结合、涵盖各个历史时期的爱国主义教育基地体系。推进公共博物馆、纪念馆、爱国主义教育基地和文化馆、图书馆、美术馆、科技馆等免费开放，积极发展红色旅游。

（十九）运用公益广告传播社会主流价值、引领文明风尚。围绕社会主义核心价值观，加强公益广告的选题规划和内容创意，形成公益广告传播先进文化、传扬新风正气的强大声势。加大公益广告刊播力度，广播电视、报纸期刊要拿出黄金时段、重要版面和显著位置，持续刊播公益广告。互联网和手机媒体要发挥传输快捷、覆盖广泛的优势，运用多种方式扩大公益广告的影响力。社会公共场所、公共交通工具要在适当位置悬挂张贴公益广告。各类公益广告要注重导向鲜明、富有内涵、引人向上，注重形式多样、品位高雅、创意新颖，体现时代感厚重感，增强传播力感染力。

六　加强对培育和践行社会主义核心价值观的组织领导

（二十）各级党委和政府要充分认识培育和践行社会主义核心价值观的重要性，把这项任务摆上重要位置，把握方向，制定政策，营造环境，切实负起政治责任和领导责任。把社会主义核心价值观要求体现到经济建设、政治建设、文化建设、社会建设、生态文明建设和党的建设各领域，推动培育和践行社会主义核心价值观同实际工作融为一体、相互促进。建立健全培育和践行社会主义核心价值观的领导体制和工作机制，加强统筹协调，加强组织实施，加强督促落实，提高工作科学化水平。党的基层组织要在推动社会主义核心价值观培育和践行方面，发挥政治核心作用和战斗堡垒作用，筑牢社会和谐的精神纽带，打牢党执政的思想基础。

（二十一）党员、干部要做培育和践行社会主义核心价值观的模范。党员、干部特别是领导干部要在培育和践行社会主义核心价值观方面带好头，以身作则、率先垂范，讲党性、重品行、作表率，为民、务实、清廉，以人格力量感召群众、引领风尚。加强理想信念教育，引导党员、干部着力增强走中国特色社会主义道路、为党和人民事业不懈奋斗的自觉性和坚定性，做共产主义远大理想和中国特色社会主义共同理想的坚定信仰者。加强党性教育，引导党员、干部贯彻党的群众路线，弘扬党的优良传统和作风，以优良党风促政风带民风。加强道德建设，引导党员、干部始终保持高洁生活情趣，坚守共产党人精神追求。

（二十二）培育和践行社会主义核心价值观是全社会的共同责任。坚持全党动手、全社会参与，把培育和践行社会主义核心价值观同各领域的行政管理、行业管理和社会管理结合起来，形成齐抓共管的工作格局。党政各部门，工会、共青团、妇联等人民团体，要在党委统一领导下，加强沟通、密切配合，形成共同推进社会主义核心价值观培育和践行的良好局面。各地区各部门各单位要制定实施方案，落实工作责任制，明确任务分工，完善工作措施。重视发挥民主党派和工商联的重要作用，支持民主党派和工商联开展培育和践行社会主义核心价值观的各项工作。加强同知识界的联系，引导知识分子用正确观点阐释和传播社会主义核心价值观。党委宣传部门要切实担负起组织指导、协调推进的重要职责，积极会同有关部门采取有力措施，推动各项任务落到实处。

（二十三）把培育和践行社会主义核心价值观的任务落实到基层。城乡基层是培育和践行社会主流价值的重要依托，农村、企业、社区、机关、学校等基层单位要重视社会主义核心价值观的培育和践行，使之融入基层党组织建设、基层政权建设中，融入城乡居民自治中，融入人们生产生活和工作学习中，努力实现全覆盖，推动社会主义核心价值观不断转化为社会群体意识和人们自觉行动。充分发挥工人、农民、知识分子的主力军作用，发挥党员、干部的模范带头作用，发挥青少年的生力军作用，发挥社会公众人物的示范作用，发挥非公有制经济组织和新社会组织从业人员的积极作用，形成人人践行社会主义核心价值观的生动景象。

图书在版编目（CIP）数据

社会主义核心价值观与当代民航精神 / 张凤著. --

北京：社会科学文献出版社，2018.6

ISBN 978 - 7 - 5201 - 2852 - 0

Ⅰ. ①社… Ⅱ. ①张… Ⅲ. ①社会主义建设 - 价值论
- 中国 - 学习参考资料②民用航空 - 中国 - 学习参考资料
Ⅳ. ①D616②F562

中国版本图书馆 CIP 数据核字（2018）第 118299 号

社会主义核心价值观与当代民航精神

著　　者 / 张　凤

出 版 人 / 谢寿光
项目统筹 / 任文武
责任编辑 / 王玉霞

出　　版 / 社会科学文献出版社·区域发展出版中心（010）59367143
　　　　　　地址：北京市北三环中路甲 29 号院华龙大厦　邮编：100029
　　　　　　网址：www.ssap.com.cn
发　　行 / 市场营销中心（010）59367081　59367018
印　　装 / 三河市尚艺印装有限公司

规　　格 / 开　本：787mm × 1092mm　1/16
　　　　　　印　张：13.5　字　数：196 千字
版　　次 / 2018 年 6 月第 1 版　2018 年 6 月第 1 次印刷
书　　号 / ISBN 978 - 7 - 5201 - 2852 - 0
定　　价 / 58.00 元